"十三五"规划民航特色专业统编教材

民航安全检查基础

MINHANG ANQUAN JIANCHA JICHU

主编 辜英智 刘存绪 魏春霖

四川大学出版社

责任编辑:何　静
责任校对:周　颖
封面设计:墨创文化
责任印制:王　炜

图书在版编目(CIP)数据

民航安全检查基础 / 辜英智，刘存绪，魏春霖主编.
—成都：四川大学出版社，2017.8
"十三五"规划民航特色专业统编教材
ISBN 978-7-5690-1109-8

Ⅰ.①民… Ⅱ.①辜… ②刘… ③魏… Ⅲ.①民航运输-航空安全-安全检查-高等学校-教材 Ⅳ.①F560.81

中国版本图书馆 CIP 数据核字（2017）第 208649 号

书名	民航安全检查基础
主　编	辜英智　刘存绪　魏春霖
出　版	四川大学出版社
地　址	成都市一环路南一段 24 号（610065）
发　行	四川大学出版社
书　号	ISBN 978-7-5690-1109-8
印　刷	郫县犀浦印刷厂
成品尺寸	185 mm×260 mm
印　张	15
字　数	250 千字
版　次	2018 年 1 月第 1 版
印　次	2019 年 7 月第 2 次印刷
定　价	39.00 元

◆读者邮购本书，请与本社发行科联系。
电话：(028)85408408/(028)85401670/
(028)85408023　邮政编码：610065

◆本社图书如有印装质量问题，请
寄回出版社调换。

◆网址：http：//press.scu.edu.cn

版权所有◆侵权必究

"十三五"规划民航特色专业统编教材编写指导委员会

主　　编：辜英智　刘存绪　魏春霖

编　　委：李筱洢　顾建庄　杨　军　刘志惠
　　　　　罗娅兰　李清霞　冷　静　胡启潮
　　　　　马秀英　黄孟颖　王俊雷　李　目
　　　　　魏　薇　王　平　吴　易　石文娟
　　　　　魏　庆　黄怡川　陈　刚　何珊珊
　　　　　张　闪　罗致远　李宛融　王志鸿
　　　　　李潇潇

前 言

2017年2月,中国民用航空局、国家发展和改革委员会、交通运输部联合发布了《中国民用航空发展第十三个五年规划》,明确了"十三五"时期民航发展的五大任务,包括确保航空持续安全,构建国家综合机场体系,全面提升航空服务能力,努力提升空管保障服务水平,以改革创新推动转型发展等。随着中国民航业的高速发展,民航服务人才需求量增大,民航服务专业就业前景广阔。为培养具有较高专业应用水平,综合素质优秀,熟练掌握民航服务理论和基本技能,符合民航业发展需要的复合型、技能型、应用型的高级航空服务专业人才,在大力发展高等职业教育的同时,各级部门和高等院校重视发挥教师的积极性与创造性,鼓励和支持教师编写具有高职教育特色和民航服务特色的教材。

四川东星航空教育集团从2007年创建伊始,就致力于为中国民航培养高素质的航空服务类专门人才。集团旗下的成都东星航空旅游专修学院汇集了一大批热爱民航的专兼职教师,聘请了行业专家指导办学。2011年,学院组织校内教师及校外专家学者,编写了"十二五"规划航空服务专业共计14门课程的统编教材,由四川大学出版社正式出版发行。这套教材在使用过程中,得到了广大师生与同业专家的一致好评。但是,伴随着我国民航业突飞猛进的发展,"十三五"规划对我国民用航空发展提出了新理念、新要求,人民群众对航空安全便捷出行方式有了新期盼,原有教材已不能满足新时代对航空人才培养的需求。

2016年,四川东星航空教育集团成立了"十三五"规划民航特色专业统编教材编委会,启动了对"十二五"规划航空服务专业统编教材的全面修订工作。按照"理论联系实际,图文并茂,与时俱进,科学发展"的

思路,经过近一年多的辛勤工作,这套"十三五"规划民航特色专业统编教材即将付梓,由四川大学出版社正式出版。本系列教材包括《民航服务概论》《民航服务礼仪》《民航实用英语》《民航服务心理学》《民航安全检查基础》《民航物流基础概论》等16种,参与编纂的人员有李筱泖、顾建庄、杨军、刘志惠、罗娅兰、李清霞、冷静、胡启潮、马秀英、黄孟颖、王俊雷、李目、魏薇、王平、吴易、石文娟、魏庆、黄怡川、陈刚、何珊珊、张闪、罗致远、李宛融、王志鸿、李潇潇等。辜英智、刘存绪、魏春霖对全书进行了审读、统稿并定稿。

在本系列教材的编写过程中,四川大学出版社的编辑提出了许多宝贵的意见,航空业界的学者与同行专家提供了有益的思路,相关学者的文章和专著提供了实用的信息,在此一并致以诚挚的谢意。相对于我国高速发展的民航服务业,本书还难以概其全貌,疏漏不妥之处在所难免,恳请读者批评指正。

编写组

2017年8月

目 录

第一章 概 论 …………………………………………… (001)
  第一节 民航安全技术检查的概念、性质和任务 ………… (001)
    一、民航安全技术检查的概念 ……………………………… (001)
    二、民航安全技术检查的性质 ……………………………… (001)
    三、民航安全技术检查工作的任务 ………………………… (002)
  第二节 民航安全技术检查的原则 ………………………… (002)
    一、安全第一,严格检查 …………………………………… (003)
    二、坚持制度,区别对待 …………………………………… (003)
    三、内紧外松,机智灵活 …………………………………… (003)
    四、文明执勤,热情服务 …………………………………… (003)
  第三节 民航安全技术检查的产生和发展 ………………… (004)
    一、国际安全技术检查的产生和发展 ……………………… (004)
    二、我国安全技术检查的产生和发展 ……………………… (006)
    三、安全技术检查工作的地位和作用 ……………………… (008)

第二章 民航安全技术检查部门 ……………………… (010)
  第一节 安检部门组织机构与职责 ………………………… (010)
    一、安检部门设立的条件 …………………………………… (010)
    二、安检部门的多层次结构及其职责 ……………………… (011)
    三、安检部门内部机构设置及其职责 ……………………… (012)
    四、安检部门的职能 ………………………………………… (012)
  第二节 民航安检人员岗位规范及文明用语 ……………… (012)

　　一、岗位执勤规范……………………………………………………（012）
　　二、安全技术检查岗位规范用语……………………………………（014）
第三节　民航安检现场勤务…………………………………………………（015）
　　一、安全检查地点的选择……………………………………………（016）
　　二、安全检查现场的设计……………………………………………（016）
　　三、安检勤务组织的原则和实施要求………………………………（019）
第四节　民航安检现场岗位职责……………………………………………（022）
　　一、验证检查岗位职责………………………………………………（022）
　　二、维序、前传岗位职责……………………………………………（022）
　　三、人身检查岗位职责………………………………………………（022）
　　四、X射线检查仪操作岗位职责……………………………………（022）
　　五、开箱包检查岗位职责……………………………………………（023）
第五节　民航安检部门处置权限及相关知识………………………………（023）
　　一、安检部门的处置权限……………………………………………（023）
　　二、安全技术检查的法律特征及特点………………………………（024）
　　三、安全技术检查工作的基本程序…………………………………（025）

第三章　航空安全相关法律法规……………………………………………（026）
第一节　航空安全保卫国际公约、法律……………………………………（026）
　　一、国际民用航空组织………………………………………………（026）
　　二、国际航空运输协会………………………………………………（027）
　　三、《国际民用航空公约》及其附件…………………………………（027）
　　四、《国际民用航空公约》附件17…………………………………（028）
　　五、有关航空安全保卫的国际公约…………………………………（029）
第二节　安检法规的概念、特点和作用……………………………………（033）
　　一、安检法规的概念…………………………………………………（033）
　　二、安检法规的特点…………………………………………………（033）
　　三、安检法规的作用…………………………………………………（034）
第三节　《民用航空法》的相关知识…………………………………………（035）
　　一、《民用航空法》关于公共航空运输企业的规定 …………………（035）

二、《民用航空法》关于隐匿携带枪支、弹药、管制刀具乘
　　　　坐航空器的处罚规定 ………………………………………… (036)
第四节　《民用航空安全保卫条例》的相关知识 …………………… (037)
　　一、《民用航空安全保卫条例》对乘机旅客行李的检查规定
　　　　……………………………………………………………………… (037)
　　二、《民用航空安全保卫条例》对乘机旅客实施证件检查和
　　　　人身检查的规定 ……………………………………………… (037)
　　三、《民用航空安全保卫条例》关于严禁旅客携带违禁物品
　　　　的规定 ………………………………………………………… (037)
　　四、《民用航空安全保卫条例》对进入候机隔离区的工作人
　　　　员实施安全检查的规定 ……………………………………… (038)
　　五、《民用航空安全保卫条例》关于货物检查的规定 ………… (038)
　　六、《民用航空安全保卫条例》关于邮件检查的规定 ………… (038)
　　七、《民用航空安全保卫条例》关于在航空器活动区和
　　　　维修区内人员、车辆的规定 ………………………………… (038)
　　八、《民用航空安全保卫条例》关于机场控制区的划分规定
　　　　……………………………………………………………………… (038)
　　九、违反《民用航空安全保卫条例》的处罚机关 ……………… (039)
第五节　《中国民用航空安全检查规则》的相关知识 ……………… (039)
第六节　民用航空危险品运输法律、法规的基本知识 …………… (040)
　　一、国际法规 ……………………………………………………… (040)
　　二、《中国民用航空危险品运输管理规定》的基本原则 ……… (041)

第四章　物品检查知识 …………………………………………… (042)
第一节　物品检查的重要性 ………………………………………… (042)
　　一、物品检查的技巧 ……………………………………………… (042)
　　二、物品检查普及方法 …………………………………………… (043)
第二节　禁止旅客随身携带或者托运的物品 ……………………… (044)
第三节　禁止旅客随身携带但可作为行李托运的物品 …………… (049)
第四节　乘机旅客随身携带液态物品及打火机的规定 …………… (049)

第五章 涉外安全技术检查……(052)

第一节 涉外工作常识……(052)
一、外交、外事、涉外的概念……(052)
二、安检涉外知识的主要内容……(053)

第二节 涉外服务礼仪……(054)
一、涉外礼仪礼节知识……(054)
二、安检涉外工作中的外事纪律……(057)

第三节 机场联检部门工作常识……(058)
一、公安边防检查部门……(058)
二、海关……(059)
三、出入境检验检疫部门……(064)

第六章 航空运输知识概述……(067)

第一节 航空器的概念及飞机的结构……(067)
一、航空器的概念……(067)
二、飞机的结构……(068)

第二节 航线、航班与班期时刻表的知识……(068)
一、航线……(068)
二、航班和航班号……(069)
三、班期时刻表……(070)

第三节 国际主要航空公司概况……(070)
一、达美航空公司……(070)
二、英国航空公司……(071)
三、德国汉莎航空股份公司……(072)
四、法国航空公司……(073)
五、全日空航空公司……(073)
六、荷兰皇家航空公司……(074)

第四节 国内主要航空公司概况……(074)
一、中国国际航空股份有限公司……(074)
二、中国东方航空股份有限公司……(075)

三、中国南方航空股份有限公司……………………………………（076）
　　四、四川航空股份有限公司………………………………………（076）
　　五、海南航空股份有限公司………………………………………（077）
　　六、山东航空股份有限公司………………………………………（077）
　　七、上海航空股份有限公司………………………………………（078）
　　八、深圳航空有限责任公司………………………………………（078）
　　九、厦门航空有限公司……………………………………………（079）
　　十、成都航空有限公司……………………………………………（079）
　　十一、中国货运航空有限公司……………………………………（080）
　第五节　民航客、货运输基础知识……………………………………（080）
　　一、旅客运输基础知识……………………………………………（080）
　　二、货物运输基础知识……………………………………………（082）

第七章　机场运行保安的相关知识…………………………………（084）
　第一节　机场的分类及构成……………………………………………（084）
　　一、机场的定义……………………………………………………（084）
　　二、机场的分类……………………………………………………（084）
　　三、机场的构成……………………………………………………（085）
　第二节　机场控制区范围的划分………………………………………（086）
　　一、机场控制区的定义……………………………………………（086）
　　二、机场控制区的划分……………………………………………（086）
　第三节　机场控制区的通行管制………………………………………（087）
　　一、机场控制区通行管制的任务与目的…………………………（087）
　　二、机场控制区通行管制的内容…………………………………（087）
　第四节　民用航空器监护工作知识……………………………………（088）
　　一、民用航空器监护的含义、职责和范围………………………（088）
　　二、民用航空器监护的程序方法、重点航班和重点部位………（089）
　　三、民用航空器清舱的程序和重点部位…………………………（090）
　　四、民用航空器的保安搜查………………………………………（091）
　第五节　候机隔离区的安全监控………………………………………（091）

一、候机隔离区安全监控的任务与目的…………………………………(091)
　　二、候机隔离区安全监控的程序…………………………………………(091)
　　三、候机隔离区出入口的管控……………………………………………(092)
　　四、候机隔离区清场………………………………………………………(092)
　　五、候机隔离区安全监控的注意事项……………………………………(093)

第八章　劳动保护常识……………………………………………………(094)

第一节　《劳动法》的相关知识……………………………………………(094)
　　一、《劳动法》的立法目的和适用范围……………………………………(094)
　　二、劳动者的基本权利和义务……………………………………………(094)
　　三、国家对劳动者的鼓励和保护…………………………………………(095)
　　四、用人单位在劳动保护方面的职责……………………………………(095)
　　五、劳动者在劳动保护方面的权利和义务………………………………(095)
　　六、关于伤亡事故和职业病………………………………………………(095)
　　七、《劳动法》对女职工的特殊保护………………………………………(096)
　　八、违反《劳动法》的法律责任……………………………………………(096)
　　九、关于劳动者的职业培训………………………………………………(097)

第二节　《中国民用航空安全检查规则》有关安检人员职业培训
　　　　　　和劳动保护的规定…………………………………………………(097)
　　一、关于安检人员的职业培训……………………………………………(097)
　　二、关于安检人员的劳动保护……………………………………………(097)

第九章　职业道德……………………………………………………………(099)

第一节　职业道德的基本知识………………………………………………(099)
　　一、职业道德的含义………………………………………………………(099)
　　二、职业道德的特点………………………………………………………(099)
　　三、职业道德的社会作用…………………………………………………(100)

第二节　安检人员职业道德规范……………………………………………(101)
　　一、安检人员职业道德规范的基本要求…………………………………(101)
　　二、安检人员职业道德规范的基本内容…………………………………(103)
　　三、安检人员职业道德养成的基本途径…………………………………(107)

第十章　证件检查 (109)

第一节　身份证的识别 (109)
一、第二代居民身份证的式样、登记内容及使用规定 (109)
二、第二代居民身份证的一般识别方法 (111)
三、第二代居民身份证的防伪措施 (111)
四、临时身份证的身份证明要素 (112)

第二节　机场控制区证件的识别 (112)
一、全民航统一制作的证件 (112)
二、民航各机场制作的证件 (113)
三、其他人员通行证件 (115)
四、车辆通行证件 (116)

第三节　其他乘机有效证件的识别 (116)
一、护照 (116)
二、部队证件 (116)
三、其他可以乘机的有效证件 (118)

第四节　乘机证件检查的程序及方法 (119)
一、证件检查的程序 (119)
二、证件检查的方法 (119)
三、机场控制区证件的检查方法 (120)
四、验证检查的注意事项 (121)
五、验讫章的使用管理制度 (121)

第五节　证件识别的方法 (122)
一、涂改证件的识别 (122)
二、伪造、变造证件的识别 (122)
三、冒名顶替证件的识别 (122)
四、证件检查的处置方法 (123)

第六节　在控人员的查缉与控制 (124)
一、查控工作的要求 (124)
二、发现查控对象时的处理方法 (124)
三、接控的程序和方法 (124)

第十一章 人身检查的实施 (126)

第一节 手工人身检查 (126)
一、手工人身检查的定义 (126)
二、手工人身检查的注意事项 (126)
三、手工人身检查的程序 (126)
四、手工人身检查的方法 (127)
五、引导岗位检查方法和程序 (127)

第二节 仪器人身检查 (128)
一、仪器人身检查的定义 (128)
二、金属探测门检查的方法 (128)
三、手持金属探测器检查的方法 (128)
四、手持金属探测器检查的程序 (129)
五、移位人身检查法的具体操作程序 (129)
六、人身检查的重点对象和重点部位 (130)

第三节 金属探测门简介 (131)
一、金属探测门的工作原理 (131)
二、金属探测门的性能特点 (131)
三、金属探测门的试运行 (131)
四、金属探测门的例行测试 (131)

第十二章 开箱包检查 (133)

第一节 开箱包检查的实施 (133)
一、开箱包检查的程序 (133)
二、开箱包检查的方法 (133)
三、开箱包检查的操作步骤 (135)
四、开箱包检查的重点对象 (135)
五、开箱包检查的要求及注意事项 (136)
六、开箱包检查的情况处置 (137)

第二节 常见物品的检查方法 (137)
一、仪器、仪表的检查方法 (137)

二、各种文物、工艺品的检查方法……………………………(137)
　　三、容器中液体的检查方法………………………………………(137)
　　四、各种容器的检查方法…………………………………………(138)
　　五、骨灰盒等特殊物品的检查方法………………………………(138)
　　六、皮带（女士束腰带）的检查方法……………………………(138)
　　七、衣物的检查方法………………………………………………(138)
　　八、书籍的检查方法………………………………………………(138)
　　九、笔的检查方法…………………………………………………(139)
　　十、手杖的检查方法………………………………………………(139)
　　十一、雨伞的检查方法……………………………………………(139)
　　十二、玩具的检查方法……………………………………………(139)
　　十三、摄像机、照相机的检查方法………………………………(139)
　　十四、收音机的检查方法…………………………………………(140)
　　十五、录音机的检查方法…………………………………………(140)
　　十六、手机的检查方法……………………………………………(140)
　　十七、手提电脑的检查方法………………………………………(140)
　　十八、乐器的检查方法……………………………………………(140)
　　十九、整条香烟的检查方法………………………………………(140)
　　二十、口红、香水等化妆品的检查方法…………………………(140)
　　二十一、粉末状物品的检查方法…………………………………(141)
　　二十二、食品的检查方法…………………………………………(141)
　　二十三、鞋的检查方法……………………………………………(141)
　　二十四、小电器的检查方法………………………………………(141)
　第三节　暂存、移交的办理……………………………………………(142)
　　一、暂存……………………………………………………………(142)
　　二、移交……………………………………………………………(142)
　　三、办理暂存、移交手续的程序…………………………………(143)

第十三章　爆炸物品基础知识………………………………………………(146)
　第一节　炸药的一般知识………………………………………………(146)

　　一、炸药爆炸的基本特征 …………………………………………… (146)
　　二、炸药及其分类 …………………………………………………… (147)
　　三、各种常见炸药的性能及识别方法 ……………………………… (150)
　第二节　火工品 …………………………………………………………… (156)
　　一、火工品的分类 …………………………………………………… (156)
　　二、火工品的用途 …………………………………………………… (158)
　第三节　爆炸装置 ………………………………………………………… (158)
　　一、爆炸装置的组成 ………………………………………………… (158)
　　二、爆炸装置的分类 ………………………………………………… (159)
　　三、爆炸装置的识别与处理 ………………………………………… (161)

第十四章　安检紧急情况处置方案 ……………………………………… (166)
　第一节　紧急情况处置的原则和任务 …………………………………… (166)
　　一、紧急情况处置的基本原则 ……………………………………… (166)
　　二、安全检查部门在紧急情况处置中的任务 ……………………… (167)
　第二节　安检部门应急预案 ……………………………………………… (168)
　　一、安检部门紧急情况处置人员的组成 …………………………… (168)
　　二、紧急情况的种类及处置方案 …………………………………… (168)
　第三节　案例分析 ………………………………………………………… (169)

第十五章　常见违禁品X射线图像特征及危险品基本知识 ………… (173)
　第一节　常见违禁品的X射线图像特征 ………………………………… (173)
　　一、枪支弹药类的X射线图像特征 ………………………………… (173)
　　二、军（警）用械具类的X射线图像特征 ………………………… (174)
　　三、管制刀具的X射线图像特征 …………………………………… (175)
　　四、爆炸物品类的X射线图像特征 ………………………………… (175)
　　五、微型防暴枪的X射线图像特征 ………………………………… (176)
　　六、利器、钝器的X射线图像特征 ………………………………… (177)
　第二节　危险品的基本知识 ……………………………………………… (178)
　　一、危险品的定义 …………………………………………………… (178)
　　二、危险品的分类 …………………………………………………… (178)

三、危险品判断的相关知识……………………………………………(179)
四、危险品国际代码知识………………………………………………(180)
五、常见易燃易爆气体的种类、性状…………………………………(186)
六、常见易燃液体的种类、性状………………………………………(187)
七、常见易燃固体的种类、性状………………………………………(187)
八、常见毒害品的种类、性状…………………………………………(187)
九、常见腐蚀品的种类、性状…………………………………………(188)

第十六章 安检人员常用英语知识……………………………………(189)

第一节 安全技术检查常用工作词汇………………………………(189)
一、Procedures before boarding 登机前手续………………………(189)
二、Flight delays 航班延误……………………………………………(190)
三、Waiting for security control 安检待检区岗位……………………(190)
四、Passport control 验证岗位…………………………………………(191)
五、Personal search 人身检查岗位……………………………………(192)
六、Baggage search 开箱包检查岗位…………………………………(192)
七、Special screening procedures 对特殊人员的检查………………(193)
八、Control of access 通道监护岗位…………………………………(194)
九、Boarding control 登机监护岗位…………………………………(195)
十、Security of checked baggage and cargo 交运行李和货物的安检……………………………………………………………………(195)
十一、Date 日期…………………………………………………………(195)

第二节 安全技术检查常用工作会话………………………………(196)
一、前传岗位……………………………………………………………(196)
二、人身检查岗位………………………………………………………(196)
三、移交台岗位…………………………………………………………(197)
四、入境英语……………………………………………………………(198)
五、行李遗失……………………………………………………………(198)
六、机场其他英语………………………………………………………(199)

附　录 ……………………………………………………………（201）
　　附录一　民用航空安全检查规则 …………………………………（201）
　　附录二　境外部分航空公司二字代码 ……………………………（218）
　　附录三　国内部分航空公司二字代码及航徽 ……………………（219）

参考文献 ……………………………………………………………（222）

第一章 概 论

民航安全技术检查是反劫机斗争的产物,它的产生与劫持、爆炸飞机这一恐怖活动密切相关。当前,世界范围的劫(炸)机恐怖活动有增无减,国内也存在一定的社会不稳定因素,所以民航安检工作只能加强,不能削弱。

第一节 民航安全技术检查的概念、性质和任务

一、民航安全技术检查的概念

安全技术检查简称安全检查,是指在特定的区域内,为保障广大人民生命、财产及公共设施的安全所采取的一种强制性的技术性检查。它包括民航、公路、港口、铁路和某些重要场馆设施的安全检查。

民航安全技术检查简称民航安全检查,是指在民用机场实施的为防止劫(炸)机和其他危害航空安全事件的发生,保障旅客、机组人员和飞机安全所采取的一种强制性的技术性检查。

二、民航安全技术检查的性质

从特定意义上讲,民航安全技术检查是我国反劫(炸)机工作中最重要的环节,是做好民航空防安全保卫工作的重要组成部分。它是国务院民

用航空主管部门授权的专业安检队伍，为保障国家和旅客生命财产安全，依照国家法律法规对乘坐民航班机的中外籍旅客及物品以及航空货物、邮件进行公开的安全技术检查，防范劫持、爆炸民航班机和其他危害航空安全的行为，具有强制性和专业技术性。

三、民航安全技术检查工作的任务

民航安全技术检查工作的主要任务是：

（1）对进入候机隔离区人员的检查，包括乘坐民用航空器的中外籍旅客、机场的工作人员、进入候机隔离区的其他人员。

（2）对进入候机隔离区物品的检查，包括旅客随身携带的物品、进入候机隔离区的工作人员和其他人员所携带的物品、空运的货物及邮件。

（3）对候机隔离区的人员、物品进行安全监控。

（4）对执行飞行任务的民用航空器实施监护。

安全检查是世界性的民航安全措施。任何一个国家，其机场的安全检查都是国际航空安全系统的一个组成部分。不论是哪一个机场出现安全问题，都绝不仅仅是这个国家、这个机场的内部事务，而必然会受到国际舆论的关注，承受国际责任的压力。所以，不管哪一个国家，要想在民用航空领域与世界各国保持正常往来，都必须解决好安全检查问题。安全检查涉及每一位乘机旅客，旅客在登机前都必须要接受安全检查，这已经成为被世界各国接受的国际惯例。

第二节　民航安全技术检查的原则

民航安全技术检查工作中既要确保空防安全，又要保证服务质量。要在这两者间找到一个平衡点，就必须坚持安全第一、严格检查、文明执勤、热情服务的原则。

一、安全第一，严格检查

安全是世界性的大话题，安全检查的工作宗旨和思想核心就是要确保民航空防安全，而严格检查则是实现这个目的的手段和对安检人员的要求。所谓严格检查，就是要严密地组织勤务，执行各项规定，落实各项措施，以对国家和乘客高度负责的精神，牢牢把好安全检查、飞机监护等关口，切实做到证件不符不放过，安全门报警不排除疑点不放过，X射线检查仪图像判断不清不放过，开箱包检查不彻底不放过，以确保飞机和旅客的安全。

二、坚持制度，区别对待

国家有关法律法规以及有关安全检查的各项规章制度和规定，是指导安全检查工作和处理各类问题的依据，必须认真贯彻执行，绝不能有法不依、有章不循。同时，还应根据特殊情况和不同对象，在不违背原则和确保安全的前提下，灵活处置各类问题。通常情况下，对不同的旅客实施检查，既要一视同仁，又要注意区别，要明确重点，有所侧重。

三、内紧外松，机智灵活

内紧，是指安检人员要有敌情观念，要有高度的警惕性、责任心，要有紧张的工作作风、严密的检查程序，要有处置突发事件的应急措施等，使犯罪分子无空可钻。外松，是指检查时要做到态度自然、沉着冷静、语言文明、讲究方式，按步骤、有秩序地开展工作。机智灵活，是指面对错综复杂的情况，安检人员要有敏锐的观察力和准确的判断力，善于分析问题，从受检人员的言谈举止、行装打扮和神态表情中发现蛛丝马迹，不漏掉任何可疑人员和物品。

四、文明执勤，热情服务

机场是一个国家和地区的窗口，安全检查是机场管理和服务工作的一部分。安检人员要树立全心全意为旅客服务的思想，要做到检查规范、文明礼貌，要做到着装整洁、仪表端庄、举止大方、语言文明，要做到尊重

不同地区、不同民族的风俗习惯。同时，安检人员要在确保安全、不影响正常工作的前提条件下，尽量为旅客排忧解难。对伤、残、病旅客应予以优先照顾，不能伤害旅客的自尊心；对孕妇、幼童、老年旅客要尽量提供方便，给予特殊照顾。

第三节 民航安全技术检查的产生和发展

一、国际安全技术检查的产生和发展

（一）国际安全技术检查的产生

从20世纪60年代末期开始，劫（炸）机事件直线上升，劫机范围迅速扩大。1968年以前，国际上发生的劫（炸）机事件每年平均不超过6起，而1968年就达到35起，1969年直线上升到87起，1970年84起，平均每4天就会发生1起劫（炸）机事件。劫（炸）机事件的频繁发生，引起了国际社会的高度重视，联合国和国际民航组织多次通过决议，严厉谴责劫持飞机和其他危害民航安全的非法行为，呼吁加强国际合作，积极采取有效措施，制止此类事件的发生。各国政府、机场和航空公司为维护国家声誉，保证国家和人民群众生命财产安全，对每位登机人员采取了强制性的技术检查。安全技术检查作为民航安全系统中一项非常重要的工作便应运而生。

（二）国际安全技术检查的发展概况

国际安全技术检查的发展经历了由点到面、由纯手工检查到仪器检查的过程。从检查的方式和手段看，其发展大体上可分为四个阶段。

1. 手工检查阶段

1970年，安全检查工作首先在美国、日本等国的主要机场实施。当时，还没有任何安检仪器，检查的方式是通过双手触摸对旅客进行人身检查，旅客的行李则采用手工开箱包检查方式。这种方式时间长、工作量大，易受主观因素影响。

2. 手工检查到仪器检查的过渡阶段

1973年美国率先在主要国际机场使用仪器检查，1974年日本也在一些大的机场安装了检查仪器，紧接着法国、瑞士、英国等国也积极效仿，开始使用质量不高的仪器配合安全检查。这一阶段的主要特点是仪器检查和手工检查并用，仪器检查只是在几个先进的资本主义国家的一些繁忙的大机场使用，至于旅客流量不大的中小机场，大多还是依靠人工进行检查。

3. 仪器检查的普及阶段

随着现代科学技术的发展，检查仪器的质量不断提高，使仪器的使用逐渐普及，很快成为机场安全检查的主要手段。X射线检查仪从单能量逐步发展为多能量。其改变最明显的是操作台屏幕上的图像越来越清晰，并且有立体感，较容易辨别行李中的各种物品。与此同时，检查仪器的质量、使用规模和安全检查的组织结构日趋完善。美国的机场设置了"安全公司"作为专门机构，日本由"保安事业总局"专门负责安全技术检查，法国、瑞士等国的安全技术检查则由内务部和国防部共同负责。

4. 一般仪器检查到新型多功能检查仪过渡阶段

世界各国在使用X射线检查仪等安全检查仪器之初，主要是用于检查旅客身上和行李中藏匿的枪支、子弹、匕首、炸弹等金属性危险物品。但近年来，劫机者、恐怖分子为了逃避检查，改用非金属性危险物品，特别是使用塑性炸药进行劫（炸）机活动。国际民航组织越来越重视防炸机这个新课题，检查仪器的更新也要跟上时代的步伐。目前，已有多种爆炸物探测器、液态物品检测器和其他违禁物品检测器在机场投入使用。

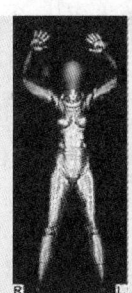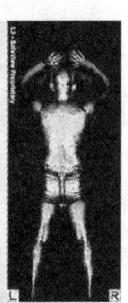

二、我国安全技术检查的产生和发展

(一) 我国安全技术检查的产生

1957年，周恩来总理在中国民航总局《关于重点航线通航一周年总结报告》中批示："保证安全第一，改善服务工作，争取飞行正常。"这三句话成为中国民航工作的指导方针，中国民航始终坚持把安全工作放在首要位置。20世纪60年代末至70年代初，国际上劫机事件不断发生，一些发达国家在机场开始使用检查仪器配合安全检查。当时，在我国尚无劫持民航飞机的事件发生，但我国政府已意识到预防劫机事件发生的重要性和紧迫性，开始提出机场安全检查的问题，并着手进行思想上和物资上的准备。1974年，公安部下发了《关于对外开放机场实施安全检查的通知》。为适应我国民航事业发展的形势，1979年5月，我国政府派出由公安部门的有关人员组成的"机场安全检查设施考察团"赴法国、瑞士等国，对检查技术、仪器制造、管理制度等方面的问题做了全面考察，并向国务院提交两份报告，就建立我国安检制度、指导思想、安检规定、队伍建设、仪器设备及落实措施等提出设想和方案。1980年9月，国务院批准了这两份报告。同年10月，民航总局召开北京、上海、广州、杭州、桂林、成都、南京、昆明、南宁、乌鲁木齐等十大空港检查站会议，对建立安全检查制度进行部署，从人员、物资等方面做了准备。

航空事业的迅速发展，使我国的国际航线不断增加；同时，与我国通航的外国航空公司也不断增加。为了适应不断发展的航空事业需要，我国政府先后于1978年11月4日、1980年9月10日加入东京条约、海牙公约和蒙特利尔公约三个有关航空安全的国际公约组织。根据我国民用航空安全工作的需要以及我国对国际反劫机工作应承担的责任，1981年3月15日，公安部发布通告，为了确保国际民用航空班机的安全，决定从1981年4月1日起在中华人民共和国境内各民用机场，对乘坐国际航班的中外籍旅客及其携带的行李物品实行安全技术检查。至此，我国民航机场安全技术检查制度正式建立。

(二) 我国安全技术检查的发展概况

我国民航安全技术检查的发展，从其体制变化和发展过程来看，大致可分为四个阶段：

第一阶段（1981年4月—1981年11月）。这是我国安全检查出现之初，尚未普及，只对国内部分国际机场乘坐国际航班的中外籍旅客及其携带的行李物品实施安全技术检查。当时，这项工作由武警边防检查部门负责。为此，公安部于1981年3月15日发布通告，外交部礼宾司于同日照会了各国驻华使馆。

第二阶段（1981年11月—1983年7月）。这一时期，我国的安全检查工作尚处在初级阶段，仪器设备、规章制度、队伍管理都还存在许多漏洞，需要完善。依据公安部1981年10月15日发布的通告，"为确保民航国内班机的运输安全，决定从1981年11月1日起，在中华人民共和国境内各民用机场，对乘坐民航国内班机的中外籍旅客及其携带的行李物品，实施安全技术检查"，安全检查工作改由民航公安保卫部门负责组织实施。从这一天起，我国民航安全检查工作全面展开。

第三阶段（1983年7月—1992年4月）。20世纪80年代末，我国逐步完善了空防安全和飞机监护制度，建立了安全检查、隔离区管理、飞机监护、旅客登机管理等较为完整的机场管理体系，从而使我国的安全检查工作进入了一个新阶段。这一阶段，武装警察部队以武装警卫的形式对所有乘坐飞机的旅客及其行李物品进行安全检查，承担起民航安全检查任务。

第四阶段（1992年4月至今）。随着改革开放的进一步发展，安全检查设施设备建设得到了加强。对具备条件的机场交运检查进行了流程改造，减少了漏洞；引进了一批性能较好的德国、意大利安检仪器；配备了钟控定时装置探测器和防爆器材。部分机场在现场安装了监控设备，进一步完善了对交运行李、货物及邮件的安全检查。

为了对航空安全工作进行统一管理，1992年4月1日起，民航机场国际航班和国内航班的安全检查工作任务（含隔离区管理、飞机监护）由人民武装警察部队移交民航部门，由民航部门安全检查机构承担。从此，安全检查队伍的业务建设上了一个新台阶。随着运输事业的发展，安检队伍不断扩大，并根据工作任务的需要实行半军事化管理。在业务建设上，实行了安检人员岗位证书制度，制订了全行业的培训大纲，各地开展了一系列行之有效的岗位培训和考核工作，有力地促进了安检队伍整体素质的

提高。与此同时，航空安全保卫法规体系日趋完善，安检队伍组织管理和业务管理逐步走上了规范化、法制化的轨道。随着《民用航空法》《民用航空安全保卫条例》《中国民用航空安全检查规则》《民用航空安全检查工作手册》等一系列法律法规及规范性文件的颁布实施，以及对安检人员进行定员、定编和职业技能等级考核措施的出台，全方位地对安检工作进行细化、量化，使安检工作有统一的操作程序和标准，有法可依，有章可循，从而使安检队伍的建设朝着规范化、科学化方向迈出了坚实的步伐。

三、安全技术检查工作的地位和作用

（一）安全技术检查工作的地位

安全是民航发展的基础，安全是民航工作的永恒主题。而安全检查是航空安全保卫工作中不可缺少的环节和措施，也是在地面设置的保障航空安全的稳固防线，在整个民航安全工作中占有重要地位。

"安全第一，预防为主"是民航工作的总方针。这里所说的安全，主要指飞行安全和空防安全。就民航空防工作本身而言，主要包括四个系统的工作：一是平时的安全保卫系统；二是旅客登机前的安全检查系统；三是飞行中的安全保卫系统；四是发生突发事件时的紧急处置系统。其中，第二系统搞得好，可以弥补第一系统的不足，减轻第三、第四系统的负担。因此，旅客登机前的安全检查对于减少或杜绝劫（炸）机事件所起的作用最为关键。

安全、正常、服务是一个统一的有机整体。安全技术检查是民航运输生产过程中必要的、与其他工作紧密联系的重要环节。安全检查与优质服务是对立的统一。安全检查部门是保障航空安全的职能部门，是为旅客提供安全保证的服务部门。安检人员在确保安全的前提下，应当努力提高安检工作质量和服务质量。在安检与服务的关系上，安全是矛盾的主要方面，安全压倒一切，没有安全就谈不上正常和服务，而保证安全就是最好的服务；同时，优质服务也是安检工作的宗旨，要将安全工作寓于服务之中。

首先，从政治的高度、从维护社会的稳定来看，安检工作保一方平安，保飞机与旅客的生命财产安全，在确保空防安全过程中，高质量的安

检工作可以创造很好的社会效益。其次，安检工作是一种有偿服务，与运输、油料等部门一样，可以为民航机场创造经济效益。

（二）安全技术检查工作的作用

将一切安全隐患消除在地面，消灭在萌芽状态，是民航应当恪守的安全准则，也是确保空防安全的一项重要措施。严格实施安全检查，加大地面安全检查的力度，将可能危害航空安全的各种因素消除在地面，是确保空中安全最直接、最重要的保证。

严格的安全检查，不仅能查堵违禁危险物品，防止劫（炸）机和其他危害空防安全事故的发生，而且能有效地遏制和打击不法分子利用空中交通渠道进行走私贩毒和潜逃等犯罪活动，对维护社会稳定，防范和打击各种犯罪活动意义重大。

安全检查工作不仅仅是防止劫（炸）机事件发生的地面安保措施中最重要的环节，而且还直接影响到民航的航班正常和整体服务质量。严格、细致的安全检查，是保护国家财产和旅客及机组人员生命安全的需要，可以给乘客一种安全感，从而使广大中外籍旅客愿意选乘中国民航的班机，对发展我国与世界各国的友好往来，加快对外开放和社会主义现代化建设的步伐起着促进作用。

思考题：

1. 什么叫做民航安全技术检查？
2. 简述民航安全技术检查的原则。
3. 安全检查有何重要意义？
4. 简述国内外反劫机的主要措施。

第二章 民航安全技术检查部门

第一节 安检部门组织机构与职责

一、安检部门设立的条件

设立安检部门应当经民航总局审核同意并颁发民用航空安全检查许可证,民航地区管理局在民航总局授权范围内行使审核权。未取得民用航空安全检查许可证,任何部门或者个人不得从事安检工作。

申请设立安检部门的单位应当向民航总局提出书面申请,并附书面材料,证明具备下列条件:

(1) 有经过培训并持有安检人员岗位证书的人员,而且其配备数量符合《民用航空安检人员定员定额标准》。

(2) 有从事安检工作所必需的经民航总局认可的仪器设备。

(3) 有符合《民用运输机场安全保卫设施建设标准》所规定的工作场所。

(4) 有根据《中国民用航空安全检查规则》和《民用航空安全检查工作手册》审定的安检工作制度。

(5) 民航总局要求的其他条件。

二、安检部门的多层次结构及其职责

就我国现行安检部门的设置情况来看，呈现多层次结构。

1. 民航总局公安局及其安全检查处

这是全国民航安全检查部门的最高领导机关。其主要职责：制定民航安全保卫的相关法规、规章等规范性文件，并监督执行；指导和监督民航安检工作，承担民航安检仪器设备许可证的颁发工作；配备和调节各安检部门所需的装备及仪器设备等。

2. 民航各地区管理局公安局及其空防科

其主要职责：在民航总局公安局的领导下，负责对所辖地区各安检部门进行业务方面的检查、监督和指导工作；指导本地区安检部门贯彻落实民航总局有关安全检查的规定；负责组织指导本地区安检人员岗位证书的考核颁发和审核工作。

3. 民航各省（区、市）局和机场安全检查部门

其主要职责：依照有关法律法规，在民航总局公安局和省（区、市）局、机场相关部门领导下贯彻落实上级有关安全检查的指令；负责本机场的安全检查和飞机的监护工作，同时对本省（区）所属各航站安全检查部门实行业务指导。

4. 各航站安全检查部门

其主要职责：认真落实上级有关安全检查的指令，在航站的领导和上级业务部门的指导下负责本航站的安全检查和飞机监护工作。各安检部门的人员编制应根据本机场旅客流量而定。

目前，安检部门存在着两种模式：一种是安检与监护分开，成为两个相对独立的单位，同属于机场的二级机构；另一种是安检属公安编制，着公安制服。但大多数还是安检和监护为一个单位，监护是安检的一部分。从安检部门所属的关系上讲，有的直属于省（区、市）局，有的隶属于机场相关部门，也有的属于地方航站。从安检部门的规模上讲，由于存在大型机场、中型机场和小型机场的区别，加之旅客流量不一样，安检部门的规模也就存在着一定的差异。

三、安检部门内部机构设置及其职责

各安检部门的内部机构设置由所在省（区、市）局、机场相关部门确定，可根据人员多少和所承担的工作任务的需要设置若干部门。一般省（区、市）局安检部门可设办公室、安检科、监护科、设备维修科等。办公室主要负责安检勤务的保障性工作，上报各种情况和传达上级各项指示。安检科主要负责各勤务组的编成、组织勤务实施以及对旅客及其携带的行李物品的检查等各项工作，及时处理或上报工作中发生的各类问题。监护科主要负责组织对候机隔离区和航空器的监护、清查等各项工作，及时解决或上报监护勤务中发生的各类问题。设备维修科主要负责安全检查设备、仪器的维修和保养工作，及时排除故障，使其处于良好状态之中。

四、安检部门的职能

安全技术检查部门负责广大乘机旅客生命财产安全，防止劫机（炸）机事件的发生，满足旅客安全乘机的这一首要需求。其具体体现在如下三个职能方面：

（1）预防和制止企图危害航空安全的犯罪活动的职能。
（2）保护航空器及其所载人员、货物安全的职能。
（3）服务职能。首先，在保障安全的前提下，安检部门要尽力保证航班的正常，不应因检查原因延误飞机起飞；其次，要文明执勤，树立为旅客服务的思想。

第二节 民航安检人员岗位规范及文明用语

一、岗位执勤规范

作为民航安检人员，执勤时应当坚守岗位，严格履行岗位职责，规范业务流程及岗位操作规程。

（一）验证岗位

（1）注意职业形象，精力集中，保持执勤姿态，仪态端庄，举止得体，不得从事与验证工作无关的事情。

（2）严格控制验放速度，保持安检通道的畅通。

（3）验证时，检查员应双手接还旅客交验的身份证件和登机牌等，核对无误加盖验讫章。

（4）坚持执行"一米黄线"制度，礼貌待客，旅客来到验证台前，须向旅客问好，若旅客主动问候，应当礼貌回应。

（5）对旅客的询问应耐心解答，对旅客提出的意见和建议应虚心接受，并及时反馈，对超出权限的问题应及时请示报告。

（6）勤务结束，回收验讫章，加注油墨备用，并清洁整理工作台面。

（二）维序、前传岗位

（1）自觉使用文明用语引导旅客接受安全检查。

（2）请旅客取出身上的小件物品，并通过X射线检查仪检查。

（3）控制好旅客过检速度，严格复核登机牌是否盖章，确保旅客逐一通过安全门接受人身检查。

（4）提醒旅客如数取回物品，如发现旅客遗留物品应及时移交，不发生物品被错拿、丢失等差错。

（5）及时回收托盘，不得有砸、摔、扔等野蛮行为，及时清理杂物，保持现场卫生。

（三）人身检查岗位

（1）上岗前，检测安全门和手持金属探测器，确保设备正常工作。

（2）对通过安全门报警的旅客，根据报警的部位进行重点手工复查，检查须细致、准确、到位，直至疑点排除。

（3）提高警惕，注意观察，对未报警的旅客保持一定比例进行抽查和复查，查控炸药、易燃易爆品、毒品等非金属违禁品和危险品。

（4）检查完毕，提醒旅客取回行李物品，不发生漏检和旅客物品被错拿、损坏、丢失等差错。

（5）手持金属探测器暂不使用时禁止放在工作台面上，备用探测器统一放置于工作人员通道X射线检查仪顶部。

(6) 协助回收托盘，不得有砸、摔、扔等野蛮行为。

(7) 勤务结束，检查设备是否关闭，将探测器回收充电备用。

（四）X射线检查仪操作岗位

(1) 领取钥匙，接通电源，打开设备，检查设备是否运行正常。

(2) 注意执勤姿态，集中精力，认真分析图像，严密查控违禁品。

(3) 发现图像模糊不清或因角度问题无法准确判断的，应立即指令开箱包检查员实施开箱包检查。

(4) 加强对液态、粉末、块状物品的分析检查，注意查控汽油、酒精、炸药、化工品等易燃易爆物品。

(5) 注意观察，合理控制行李通过速度，防止物品被挤压受损和堵塞通道。

(6) 发现设备不正常的，要及时报告。

(7) 勤务结束，关闭设备，切断电源，清洁操作台，钥匙放回原处。

（五）开箱包岗位

(1) 开箱包检查员根据X射线检查仪操作员的指令开展工作，注意观察，密切配合，对可疑包裹实施手工开箱包检查。

(2) 开箱包检查时，必须有物主在场，告知物主后方可打开行李包检查。

(3) 查出违禁品应控制在自己手中，严禁随意放置在工作台面上，已经检查过的行李物品须重新过机检查。

(4) 违禁品应按规定分类进行处理，非依法移交公安机关查处的物品，应告知物主可以采取自弃、托运、退回等措施妥善处理。

(5) 注意及时疏通行李和回收托盘，不得有砸、摔、扔等野蛮行为。发现无人领取的行李或物品，要及时移交处理。

(6) 及时清洁工作台面，处理垃圾。

(7) 勤务结束后，清点违禁品，核对统计后集中交存。

二、安全技术检查岗位规范用语

（一）验证岗位规范用语

(1) 您好，请出示您的有效身份证件、登机牌。

(2) 对不起，您的证件与要求不符，我得请示，请稍等。

（3）谢谢，请拿好您的证件，请往里走。

（二）维序、前传岗位规范用语

（1）请各位旅客按次序排好队，准备好身份证件、登机牌，准备接受安全检查。

（2）请把您的行李依次放在传送带上。

（3）请将您身上的香烟、钥匙及其他金属物品放入盘内，请往里走（配以手势）。

（4）请稍等（请进）。

（三）人身检查岗位规范用语

（1）先生（小姐）对不起，安全门已经报警了，请接受人身检查。

（2）请解开衣扣，微抬双臂，请转身。

（3）请问这是什么东西？您能打开给我看看吗？

（4）检查完毕，谢谢合作。

（5）请收好您过检的物品。

（四）开箱包检查岗位规范用语

（1）对不起，这个包需要检查，请您打开。

（2）对不起，这是违禁物品，按规定不能带上飞机，请将"三证"给我，我给您办理手续。

（3）对不起，此物品您不能随身带上飞机，您可交送行人带回或者办理托运手续。

（4）检查完毕，谢谢合作，祝您旅途愉快。

第三节 民航安检现场勤务

安检现场是指具体实施安全检查的场所，它包括实施验证检查、人身检查、行李物品检查、监护、现场值班等安全检查的各个岗位。安全检查现场布局是安全检查能否顺利实施的先决条件，现场布局的合理性直接关系到安全检查的质量和速度。目前，国内安全检查现场布局基本上采用国际上通用的做法。安全检查普遍采用旅客人身和随身行李检查同步、同地进行，而托运行李检查则应与办理乘机手续同步进行。所以，安检现场的布局，首先要根据安全检查的要求，选择合适的地点；其次要考虑现场布局的设计，包括设置、造型和要求。

一、安全检查地点的选择

安全检查地点的选择，主要取决于下面三个因素：

（1）安全检查现场的设置，要充分考虑有足够的空间并能保证安全检查工作的正常进行。

（2）能够确保旅客在经过安全检查后到登机前的这一段时间内，没有任何机会与外界发生联络，即能够保证受检旅客的绝对隔离。

（3）非特殊情况，不会给旅客的正常登机和飞机的按时起飞带来影响。

根据这三个因素，检查地点一般有三种选择：候机厅检查、登机通道检查和登机门检查。

候机厅检查，就是在候机厅（室）内选定合适地段设立安检区，在此对乘机旅客实施集中安全检查。

登机通道检查，就是在登机通道口（一般在入口处）设置安全检查关卡，对乘机旅客实施部分集中安全检查。

登机门检查，就是在接近登机门的单独通道口处设置检查点（区），对乘机旅客实施分散的随到随检的安全检查。

这三种方法中，登机门检查是最理想的方法，但它需要的条件较高。国内机场一般采用的是候机厅检查。候机厅检查的优点是场地容易找，流程容易安排，旅客集中，工作方便，检查质量容易保证，遇到问题便于及时处理；而且检查现场远离飞机，一旦查获劫（炸）机分子和危险品，能及时控制和排除，危及飞机安全的可能性较小。

二、安全检查现场的设计

安全检查现场布局是由安全检查工作的性质、任务、特点、工作程序决定的。安全检查现场布局的设计合理，是安全检查工作顺利实施的基础和保证。目前，国内机场安全检查现场绝大多数都设置在候机厅内。其设置是：验证、人身及随身行李检查一条线，而托运行李检查单独进行。设置方法有平行型、梯形、错落型三种，造型有封闭型、半封闭半开放型两种。

（一）设置要求

（1）旅客托运行李处应有足够的行李安全检查设备，并且托运行李检查与办理登机手续同步进行。托运行李安全检查模式有三种：

①在两个值机柜台之间放置一台双通道X射线检查仪，两边的旅客使用同一台X射线检查仪检查托运行李。

②开通离港计算机联网管理系统，在三分之一值机柜台处设一双通道X射线检查仪，交运行李的旅客经引导到有X射线检查仪的柜台办理登机手续。

③一组柜台设一台跨在行李传送带上的X射线检查仪。

（2）手提物品及人身安全检查通道的设计。

①安全检查通道的数量要与高峰时旅客流量相适应。所有机场都应有备用通道。航班量少的机场，备用通道和内部工作人员通道可以合用。

②每个安全检查通道的安全检查现场不小于 $30\ m^2$，旅客候检通道长度不小于 20 m，或旅客候检室的面积不小于 $40\ m^2$。

③相临无隔断和两个安全检查通道并列时，旅客候检通道之间应设隔离栏杆。

④每个安全检查通道应设验证室或验证台。

（3）安全检查工作区应设置值班室。

（4）安全检查工作区应设置人身检查室，其面积不得小于 $6m^2$。

（5）国内干线以上机场航站楼适当部位应设有监护人员值班室。

（6）旅客候机隔离厅（室）必须有效隔离，不得设置与非控制区相通的门、窗、通道。凡与非控制区相邻或相通的门、窗、通道等部位，应采用有效的隔离措施。

（7）与机坪相通的行李传送带出口处应安装能锁闭的卷帘门。

（8）候机楼旅客流程设计必须做到国际旅客与国内旅客分开，国际进出港旅客分流，国内进出港旅客也应分流。

(二)设置方法

1. 平行型设置

每条检查线为平行型分布,之间隔离。场地完整的候机厅(室)多采用此种方法。其特点是分布整齐、规范,便于操作和紧急情况的处置。平面图如下:

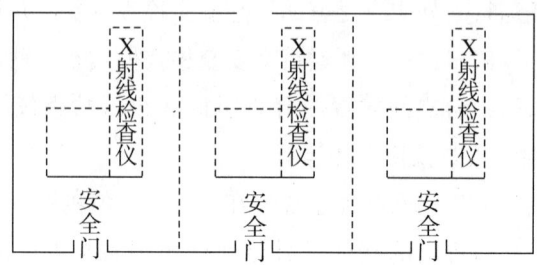

2. 梯形设置

每条检查线为阶梯形分布,之间隔离。检查场地狭长的候机厅(室)多采用此种方法。其特点是充分和合理利用场地,分布规范;但不利于现场紧急情况的处置。平面图如下:

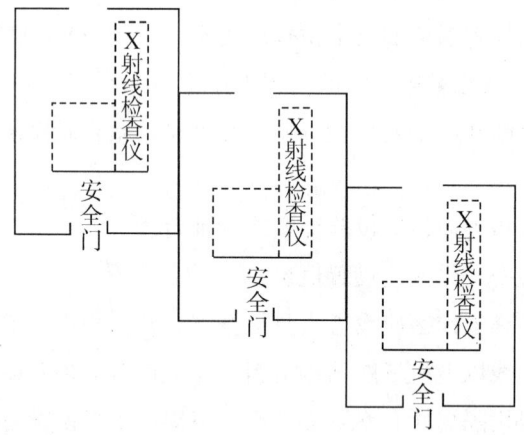

3. 错落型设置

在一条检查线的空间内增设另一条检查线,之间隔离。其特点是最大限度地利用了场地,为一些流量大而场地紧张的机场提供了一种有效的方法;但布局复杂,对处置现场出现的紧急情况极为不便。平面图如下:

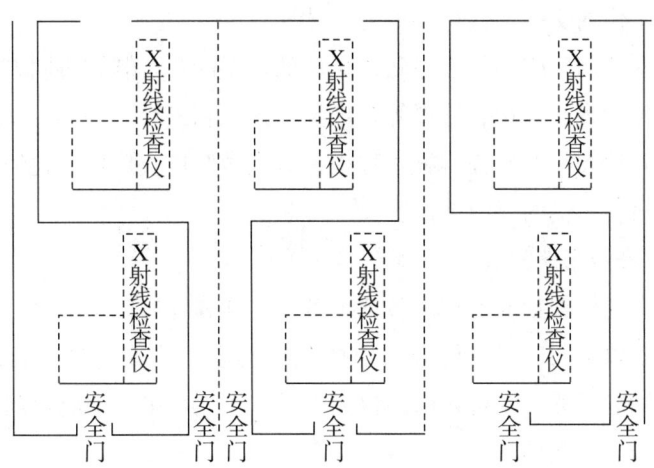

（三）造型分类

1. 封闭型

每条检查线都各自封闭起来，相互之间不能通行。这种造型的特点是旅客分类清楚，检查质量较高，但给旅客一种压抑感，空间较小。

2. 半封闭半开放型

整个安检现场为开放型，但检查通道之间互相隔离（栏杆、钢化玻璃等）。这种造型的特点是视野开阔，信息传递快，旅客易于分类，检查质量高，检查气氛好，最为科学。

三、安检勤务组织的原则和实施要求

（一）安检勤务组织的原则

（1）安检部门在安排各项工作中，要以勤务为中心，兼顾教育、培训和学习。

（2）勤务的组织和实施，应当采取分级指挥、分级负责的方法，使各部门职、责、权分明。

（3）组织勤务应当按科、组等建制单位安排，便于领导和协调。安检部门各单位应当结合自身担负的任务，制订正常情况和特殊情况勤务方案，作为实施勤务和处置情况的依据，时刻做好转入紧急情况的准备，以应付各类突发性事件。

（4）组织勤务应当把工作程序作为一个整体，合理使用执勤人员，安

排好勤务工作的交接，保持勤务的连续性。

（5）安检部门应当加强与联检单位的联系配合，制订协同方案，互相支持，确保检查、监护、管理等各项勤务的顺利进行。

（6）安检部门在勤务实施过程中，应当做好检查仪器、通信器材、勤务用品、机动车辆的保障工作。

（二）安检勤务的实施要求

（1）安全检查勤务的程序包括准备、实施和善后三个阶段。

（2）安检部门值班人员应当根据航班动态和执勤人员，制订勤务方案，分配勤务任务。安检各部门执勤人员应于当日第一个航班起飞前与值机部门同步到达现场。

（3）安全检查开始前，各部门应当做好各项准备工作，包括对候机隔离区进行清场，对X射线检查仪、安全门和手提金属探测器的调试，以及其他检查用具的准备等。

（4）安检部门各级领导应当检查各岗位人员的在岗情况和准备工作的落实情况，跟班作业，直接掌握检查现场情况，领导和指挥勤务工作。

（5）安检部门各岗位人员，必须认真落实各项勤务工作的实施要求，严格执勤岗位责任制，做到熟悉勤务方案和明确自身任务。各部门应当定人、定位、定任务、定责任。

（6）检查工作中，对发生的各种情况和发现的各种问题，应当按分级处理的权限进行处理。遇有紧急情况或突发性事件，应当按照特别工作方案处理。

（7）安检各部门应当做好勤务交接工作，由部门负责人具体组织实施，并全程监督，以防止出现漏洞。航班结束时，各级勤务部门应当做好各项勤务的善后工作，关闭、锁好各种仪器设备，清点、存放检查器材和执勤用具，打扫卫生。上报勤务中发生的情况和发现的问题，以及处理结果，做好执勤情况的整理、登记、归档工作。

（三）安检勤务的组织

安检部门值班领导负责统一组织、指挥和协调各项工作，监督、检查各勤务组织的工作情况。

1. 一级特别工作方案

一级特别工作方案是在紧急情况下实施的工作方案。主要包括：

(1) 紧急情况的假设：

①接到劫（炸）机等敌情通报。

②发生劫（炸）机或其他严重危害空防安全的事件。

③危害空防安全的事件连续发生，空防形势严峻。

(2) 人员部署、任务区分和协同计划。

(3) 指挥所的组成、开设的地点。

(4) 通信联络：有线及无线通信网络，移动通信，简易通信的方法及联络的信号，各级指挥人员及单位的代号、呼号、通话密语。

(5) 组织疏散旅客的人员组成，疏散路线及位置，疏散后的管理方法和善后工作。

(6) 与友邻单位的协同计划。

2. 二级特别工作方案

二级特别工作方案是为保证重要航班所采取的工作方案。重要航班包括：

①出席党的全国代表大会代表、全国人民代表大会代表和全国人民政治协商会议委员乘坐的民航班机。

②国家警卫对象和外国国家领导人乘坐的民航班机。

二级特别工作方案主要包括：

(1) 加强安全检查和飞机监护力量，抽调业务熟练的检查员执行检查和监护任务。

(2) 加强查控工作，增派便衣巡视人员，将查控名单及时与当天航班舱单核对。

(3) 调高检查仪器灵敏度，增加开箱包和手工人身检查率，即可以在某一段时间内或某一固定通道内对旅客及其手提行李进行全部手工检查。

(4) 将防爆器材安置于现场并处于备战状态，防爆员要到现场实施防爆技术检查。

(5) 对装入货舱的行李、货物的数量要详细核对，发现可疑物品，必须禁止装机。

（6）加强对驶入停机坪的车辆的控制，必要时可对接近机场设施及飞机的车辆进行检查。

（7）加强各部门值班及现场的组织和指挥。

第四节　民航安检现场岗位职责

一、验证检查岗位职责

（1）负责对乘机旅客的有效身份证件、登机牌等乘机证件进行核查，识别涂改、伪造、冒名顶替以及其他无效证件。

（2）开展调查研究工作。

（3）协助执法部门查控在控人员。

二、维序、前传岗位职责

（1）维持待检区的秩序并提醒旅客准备好过检时要用的身份证件和登机牌等。

（2）开展调查、巡视工作。

（3）在X射线检查仪传送带上正确摆放受检行李物品。

（4）引导旅客有秩序地通过安全门。

三、人身检查岗位职责

（1）检查旅客自行放入盘中的物品。

（2）对旅客人身进行仪器或手工检查。

（3）准确识别并根据相关规定正确处理违禁物品。

四、X射线检查仪操作岗位职责

（1）按操作规程正确使用X射线检查仪。

（2）观察辨别监视器上受检行李（货物、邮件），图像中的物品形状、

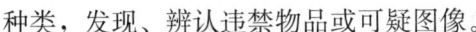

种类，发现、辨认违禁物品或可疑图像。

（3）将需要开箱包检查的行李（货物、邮件）及重点检查部位准确无误地通知开箱包检查员。

五、开箱包检查岗位职责

（1）对旅客行李（货物、邮件）实施开箱包手工检查。
（2）准确辨认和按照有关政策正确处理违禁物品。
（3）开具暂存或移交物品单据。

第五节　民航安检部门处置权限及相关知识

一、安检部门的处置权限

（一）检查权

安检部门的检查权包括以下几个方面：

（1）对乘机旅客的身份证件检查权。通过对旅客身份证件的核查，防止旅客使用伪造、变造和涂改过的证件或冒用他人的身份证件乘机，发现和查控通缉人犯。

（2）对乘机旅客的人身检查权。它包括使用仪器检查和手工检查直至搜身检查。

（3）对旅客行李物品的检查权。它包括使用仪器检查和手工开箱包检查。

（4）对空运货物、邮件的检查权。

（5）对其他进入候机隔离区人员及登机人员身份证件的核查和人身检查权。

（二）拒绝登机权

（1）在安全技术检查过程中，当发现有故意隐匿枪支、弹药、管制刀具、易燃易爆物品等可能用于劫（炸）机的危险品的旅客时，安检部门有权不让其登机,并将人与物一并移交民航公安机关审查处理。

(2) 在安全技术检查过程中,对手续不符和拒绝接受检查的旅客,以及有其他可能危害航空安全行为的旅客,安检部门有权拒绝其登机。

(三)候机隔离区航空器监护权

(1) 候机隔离区没有持续实施管制的,在使用前,安检部门应当对候机隔离区进行清查。

(2) 安检部门应当派人员在候机隔离区内巡视,对重点部位加强监控。

(3) 经过安全检查的旅客应当在候机隔离区内等待登机。遇航班延误或其他特殊原因离开候机隔离区的,再次进入候机隔离区时应当重新接受安全检查。

(4) 候机隔离区内的商店不得出售可能危害航空安全的商品。商店运进的商品应当经过安全检查,同时接受安检部门的安全监督。

(5) 对出、过港航空器实施监护。

(6) 机长请求,经民航公安机关或安检部门批准,安检人员可以进入机舱内进行清舱。

二、安全技术检查的法律特征及特点

(一)安全技术检查的法律特征

安全技术检查的法律特征:安全技术检查部门有行政法规的执行权而无处罚权。

安全技术检查部门是保障航空安全且带有服务性质的单位,是一支具有专业技术的职工队伍,执行国家法律以及国务院、民航总局、公安部为保证航空安全发布的有关行政法规和规章。所以说,安全技术检查带有行政执法的性质。但是,安全技术检查部门属于企业的一个机构,不属于行政机关,所以从这方面来讲,它不具有行政处罚权,即不具有拘留、罚款、没收的权力。

(二)安全技术检查的特点

安全技术检查以中外籍旅客及其行李物品为主要对象,以防止劫(炸)机为主要目的,以公开的安全技术检查为主要手段,是民航事业中确保飞机和旅客生命财产安全的必要措施，是一项非常重要的工作。安全技术检查工作要求在较短时间内完成所有乘机旅客及其行李物品等的安全技术检查，而且要确保安全，一旦出现失误，发生劫持飞机事件，不仅后果严重，损失巨大，还将在国际、国内造成极坏的政治影响。因此，安全技术检查具有责任性强、政策性强、时间性强、专业性强和风险性大等特点。

三、安全技术检查工作的基本程序

所有安检人员必须熟悉安检工作的基本程序，明确要求。安全技术检查工作的基本程序是：

（1）值班领导在检查开始前，应了解航班动态，传达上级有关指示和通知，提出对本班的要求及注意事项。

（2）检查时，要求旅客按秩序排好队，准备好证件。首先查验旅客的身份证件、飞机票和登机牌，检查无误后，请旅客通过安全门。对有疑点者要进行手工检查。旅客随身携带的行李物品、托运行李和货物快件、邮件应通过X射线检查仪检查，发现可疑物品要进行开箱包检查，必要时可以随时抽查。在无仪器设备或仪器设备发生故障时，应当进行手工检查。

（3）安全技术检查人员应当对进入候机隔离区等候登机的旅客实施监管，防止与未经安全技术检查的人员混合或接触。应派人员在候机隔离区内巡视，对重点部位加强安全监控。

（4）安检部门各勤务单位必须认真记录当天工作情况及仪器使用情况，并做好交接班工作。

思考题：

1. 简述安检部门内部机构设置及职责。
2. 简述安检人员在执勤时的着装要求。
3. 验证检查员和人身检查员的岗位职责是什么？
4. 安检部门有哪些处置权限？
5. 安全技术检查的法律特征是什么？

第三章 航空安全相关法律法规

第一节 航空安全保卫国际公约、法律

一、国际民用航空组织

国际民用航空组织（International Civil Aviation Organization，ICAO）是联合国负责处理国际民航事务的专门机构，是《芝加哥公约》的产物，是协调各国有关民航经济和法律义务，并制定各种民航技术标准和航行规则的国际组织。为解决民用航空发展中的国际航空运输业务权等国际性问题，1944年11月1日至12月7日在芝加哥召开了52个国家参加的国际民用航空会议，签订了《国际民用航空公约》，或称《芝加哥公约》，并根据《国际民用航空临时协定》成立了临时性的国际民用航空组织。1947年4月4日，《国际民用航空公约》生效，国际民用航空组织正式成立。同年5月13日，该组织成为联合国的一个专门机构。

国际民航组织的总部设立在加拿大的蒙特利尔市。该组织是各国政府间的国际组织，也是联合国组织的专门机构。其宗旨和目的在于发展国际航空运输的原则和技术，并促进国际航空运输业务的发展。

中国是国际民航组织的创始成员国之一。中国于1944年签署了《国际民用航空公约》，并于1946年正式成为会员国。1971年，国际民航组织通过决议承认中华人民共和国为中国唯一合法代表。1974年，中国承

认《国际民用航空公约》并参加国际民航组织的活动。同年，中国当选为二类理事国，并八次连任二类理事国。2004年，在国际民航组织第35届大会上，中国当选为一类理事国。在蒙特利尔市设有中国常驻国际民航组织理事会代表处。

二、国际航空运输协会

国际航空运输协会（International Air Transportation Association，IATA），简称国际航协，是一个由世界各国航空公司自愿联合组织的非政府性的国际组织。其前身是1919年在荷兰海牙成立并在第二次世界大战时解体的国际航空业务协会。凡国际民航组织成员国的任一经营定期航班的航空企业，经其政府许可，都可以成为该协会的成员。

该协会于1945年4月16日在古巴哈瓦那恢复成立。协会总部设在加拿大的蒙特利尔市，执行机构设在日内瓦，并在曼谷、内罗毕、里约热内卢等地设有办事处。

1993年8月，中国国际航空公司、中国东方航空公司和中国南方航空公司正式加入该组织。1994年4月15日，该协会在北京设立了中国代理人事务办事处。1995年7月21日，中国国际旅行社总社正式加入该组织，成为该协会在中国内地的首家代理人会员。

三、《国际民用航空公约》及其附件

1944年芝加哥会议上制定的《国际民用航空公约》（简称《芝加哥公约》）是国际民航界公认的"宪章"，是现行航空法的基本文件。它规定了民用航空的范围、实行措施和国际民用航空组织等基本内容。

国际民用航空组织通过制定公约附件对民航领域的各个方面形成具有约束力的技术文件。公约附件的正式名称是"国际标准和建议措施"。目前已制定了以下18个附件：

(1) 人员执照的颁发。
(2) 空中规则。
(3) 国际航空气象服务。
(4) 航图。

(5) 空中和地面运行中使用的计量单位。
(6) 航空器的运行。
(7) 航空器登记和国籍标志。
(8) 航空器的适航性。
(9) 简化手续。
(10) 航空通信。
(11) 空中交通服务。
(12) 搜寻和救援。
(13) 航空器失事调查。
(14) 机场。
(15) 航行情报服务。
(16) 航空器噪声。
(17) 防止对国际民用航空进行非法干扰行为的安全保卫。
(18) 危险品的安全航空运输。

四、《国际民用航空公约》附件17

《国际民用航空公约》附件17，即"防止对国际民用航空进行非法干扰行为的安全保卫"，于1974年3月通过并生效。

《国际民用航空公约》附件17规定：在防止对国际民用航空非法干扰行为的一切有关事务中，旅客、机组、地面人员和一般公众的安全是每个缔约国的首要目的。

附件17已经过11次修订。所有的更改都并入了2006年4月通过的最近一次修订，包括对行李的综合荧光屏检查，对货物、快件和邮件的保安控制，与保安计划有关的程序的变化，国际航空器的航前检查，以及将保安方面的考虑纳入机场设计的有关措施。

附件17中的条款是按国际标准提出的建议和措施，对我国机场、航空公司的安全保卫和安全检查有重要的指导意义。各机场或航空公司应根据其标准和建议及我国政府有关航空安全的法规、指令、规章，制订适合本机场或本公司的安全保卫规划。

《国际民用航空公约》附件17的主要规定有：

每个缔约国必须制订一个国家民用航空安全保卫规划，其目的是通过规则、措施和程序来防止非法干扰行为，保护国际民用航空的安全、正常和效率。

每个缔约国必须指定其管理部门中的一个适当的当局负责制订、执行和维护国家民用航空安全保卫规划，并结合国际形势，不断检查其领土内的受威胁程度，相应地调整其国家民用航空安全保卫规划的有关内容。

每个缔约国必须制定措施防止未经许可的人接近航空器，并采取措施控制转机和过境旅客以及他们的客舱行李，以防止把未经许可的物品带上航空器。

每个缔约国必须保证通过机场安全检查以后的旅客和未经安全检查的旅客不得有任何混合或接触的可能性。如果发生混合或接触，有关旅客及其客舱行李必须在登机前重新接受检查。

每个缔约国必须制订程序，防止人员和车辆非法进入机场控制区和其他对机场安全来说是至关重要的区域。

五、有关航空安全保卫的国际公约

20世纪60年代至70年代初，国际上不断发生劫持、爆炸、袭击民航飞机及设施和在民航飞机上抢劫旅客财物等案件，恐怖组织活动日益猖獗。为阻止威胁、破坏国际民用航空安全与运行，以及非法劫持航空器的行为发生，国际民用航空组织先后制定了《东京公约》《海牙公约》《蒙特利尔公约》《〈蒙特利尔公约〉的补充协定书》，这些公约作为直接解决航空保安问题的国际文件已经被各国采纳并接受。1991年，国际民用航空组织在蒙特利尔召开国际航空法外交会议，签订了《关于注标塑性炸药以便探测的公约》。

（一）《东京公约》

《关于在航空器内犯罪和其他某些行为的公约》（Convention on Offences and Certain Other Acts Committed on Board Aircraft），简称《东京公约》。

1. 《东京公约》产生的历史背景

1947年至1957年，十余年间国际上发生劫机事件23起。进入20世纪60年代后，劫机次数逐渐增加，1960年仅发生在古巴和美国之间的劫机事件就有23起。鉴于这种情况，国际民用航空组织于1963年9月14日在东京国际航空法会议上签订了《东京公约》，同年12月4日生效。这是因为按国际惯例，国际公约只有在批准国超过12个以上时才能生效，而当时《东京公约》的批准国还不足12个。《东京公约》签订生效后，到1992年12月14日，已有143个国家加入。我国于1978年加入该公约。

签订这个公约的目的是统一国际民用航空中在飞机上发生劫持等非法暴力行为的处理原则。为此，该公约对航空器内的犯罪行为，包括对航空器内违反刑法的罪行以及危害航空器及其所载人员生命财产的安全、危害良好秩序和纪律的行为的管辖问题作了规定。

2.《东京公约》的主要内容

（1）规定了飞机的登记国有权管辖飞机上的"犯罪"行为，也规定了非登记国有权阻止飞机飞行或降落的几种情况。

（2）机长有权对"犯罪"者采取措施，包括强制性措施，并在为保护飞机上人员生命财产安全的情况下，命令"犯罪"者在飞机降落地离开飞机，或将"犯罪"者交给当地合法当局。

（3）规定了接受"犯罪"者的国家当局可以根据案情，将"犯罪"者留在国境内以便进行审讯或引渡，并应通知各有关国家。

（4）规定了各国应采取一切措施，使被劫持飞机恢复由其合法的机长控制；被劫持的飞机降落地的国家应允许旅客和空勤组尽快继续飞行。

（二）《海牙公约》

《海牙公约》，即《制止非法劫持航空器的公约》，于1971年10月4日生效。

1.《海牙公约》产生的历史背景

《东京公约》签订后，劫机事件不但没有减少，反而接连发生。20世纪60年代后期，多种原因使劫机事件呈直线上升趋势。1968年35起，1969年87起，1970年82起（平均每四天发生一起），劫机得逞率81.5%。劫机事件的日益增多，引起了国际社会的高度重视和普遍关注。在此情况下，国际民用航空组织于1970年12月在荷兰海牙召开国际航空法外交会议，讨论有关劫持飞机的问题，有76个国家参加，签订了《海牙公约》。该公约规定了缔约国承担的责任，是专门处理"空中劫机"问题的规定。《海牙公约》签订后到 1992 年 12 月 11 日，已有 144 个国家加入。我国于 1980 年 9 月加入该公约。

2.《海牙公约》的主要内容

(1) 严厉惩罚劫持飞机者。

(2) 缔约国对劫机行为的管辖范围。

(3) 缔约国承担的义务是将劫机情况通知有关国家，并报告给国际民用航空组织。此项内容是这次会议上争论的焦点，美国和苏联一致主张应将劫机者遣送给飞机登记国，但遭到多数国家的反对。持反对意见的国家认为劫机者大多是出于政治目的，不同意引渡，但同意给予惩罚。因此，该公约对引渡劫机者的问题没有作硬性规定。

3.《海牙公约》关于劫机犯罪行为的界定

用武力、武力威胁、精神胁迫等方式，非法劫持或控制航空器（包括未遂）即构成刑事犯罪。

(三)《蒙特利尔公约》

《蒙特利尔公约》，即《关于制止不利于民用航空安全的非法行为的公约》。该公约于 1973 年 1 月 26 日生效。

1.《蒙特利尔公约》产生的历史背景

《东京公约》和《海牙公约》签订后，国际上劫机事件仍然不断发生，而且破坏民航飞机和民航设施的手段也层出不穷，出现了爆炸飞机、民航设施和用电话恐吓方式传递虚假情报等情况，严重危及民航飞机的正常飞行。因此，1971 年 9 月国际民用航空组织在加拿大的蒙特利尔召开了国际航空法外交会议，有 61 个国家和 7 个国际组织派代表参加，签订了《蒙特利尔公约》。这是专门对危害民用航空的罪行所做的规定。至 1992 年 12 月 14 日，已有 145 个国家加入。我国于 1980 年 9 月加入该公约。

2.《蒙特利尔公约》的主要内容

各缔约国对袭击民航飞机、乘客及机组人员，以及爆炸民航飞机或民航设施等危及飞行安全的人，要给予严厉的惩罚。其他规定基本与《海牙公约》相似。

3.《蒙特利尔公约》关于危害航空安全犯罪的界定

凡非法故意实施下列行为之一者，均为犯罪：

（1）对飞行中的航空器上的人实施暴力行为，具有危害该航空器安全的性质。

（2）毁坏使用中的航空器，或者致使航空器损坏，使其无法飞行或危害其飞行安全。

（3）在使用中的航空器上放置或指使别人放置某种装置或物质，该装置或物质足以毁灭该航空器或者对航空器造成毁坏使其无法飞行，或足以危害其飞行安全。

（4）毁坏或损坏民航设施或扰乱其工作，有危害飞行中的航空器安全的性质。

（5）传送明知虚假的情报，由此危害飞行中航空器的安全。

（6）上述各行为的未遂犯及共犯（包括未遂共犯）。

（四）《〈蒙特利尔公约〉的补充协定书》

1988年在蒙特利尔召开的外交会议上通过了《〈蒙特利尔公约〉的补充协定书》。该协定书扩大了1971年公约对"犯罪"的定义，包括了在国际民用机场发生的一些具体的爆炸行为。如果这类行为危及或可能危及国际民用机场的话，各缔约国承允对"犯罪"者给予严厉的惩罚。该协定书还载有关于管辖权的条款。

（五）《关于注标塑性炸药以便探测的公约》

鉴于存在使用软叶状或富于弹性的塑性炸药摧毁航空器或其他运输工具以制造恐怖活动，而塑性炸药又难以探测的情况，国际民用航空组织于1991年在蒙特利尔召开国际航空法外交会议，签订了《关于注标塑性炸药以便探测的公约》。

该公约要求各国在制造塑性炸药时要加添"可探测物质"，使之成为"注标塑性炸药"，具有可探测性。该公约规定，各缔约国应采取必要和有效的措施，在其领土上禁止生产、进口或出口非注标塑性炸药；同时，对于储存和交换非注标塑性炸药的行为，应采取必要措施予以严格和有效的管理，以防止恐怖分子利用难以探测的塑性炸药进行恐怖活动，危害航空器及其所载人员生命财产的安全。

第二节 安检法规的概念、特点和作用

安全技术检查法规简称安检法规,是民航安检部门实施技术检查的法律依据,是安检人员依法行使检查权、保障民用航空安全的重要武器。

一、安检法规的概念

安检法规是指国家立法机关和国家行政机关依据宪法、法律以及国家政策制定的,用来实施民用航空安全技术检查的法律、条例、规章、规定、办法、规则等规范性文件的总称。

二、安检法规的特点

安检法规是实施安全技术检查的法律依据,因此它具有规范性、强制性、专业性和国际性等特点。

1. 规范性

规范就是标准。安检工作是一项政策性很强的工作,因此在处理问题时需要有法律依据,不能随心所欲,更不能感情用事。安检法规的制定,使安检工作有法可依、有章可依。

2. 强制性

安检法规是国家机关制定、以国家权力为基础、凭借国家机关的强制力来保证实施的行为规则,对所有乘机旅客都有法律效力和约束力。安检法规的强制性表现在两个方面:一方面是规范的强制性,另一方面是执行的强制性,对违反法规的行为要根据情节追究法律责任。

3. 专业性

安检法规属于业务工作规则性质。它就安检专业工作规定了工作范围、方针原则和处罚处置的管理措施等,具有较强的专业性。

4. 国际性

安检法规的国际性表现在:它是根据国际公约及与航空安全有关的其

他公约，结合国际形势，按国际标准和建议制定的，适用于在我国的任何机场乘坐民航班机的中外籍旅客。

三、安检法规的作用

安检法规是民航安检部门实施安全技术检查的法律依据，是安检人员依法行使检查权、保护乘机旅客合法权益、保障民用航空安全的重要武器。安检法规的作用，主要体现在以下方面：

1. 法律规范作用

所谓法律规范，即国家机关制定或认可，由国家强制力保证实施的一般行为规则。法律规范是人们共同遵守的行为准则，它规定人们在一定条件下，可以做什么，禁止做什么，从而为人们提供一个标准和尺度。安检法规，就是从安全技术检查方面为安检人员与乘机旅客提供一个标准和尺度，从而保证空防安全和民航运输事业的发展。安检法规的规范作用：一是指引作用，即它使人们清楚地懂得应该做什么和怎样做，以及不该做什么；二是评价作用，即它能判断、衡量他人行为是合法还是违法，使人们明确什么是合法，什么是违法；三是教育作用，即它对人今后的行为产生影响。

2. 业务指导作用

任何工作都必须由一定的理论和规范指导，否则就要偏离方向，造成失误。安检工作是民航安全工作的重要组成部分，业务性和政策性都很强。要不断地教育安检人员，加强对安检法规的学习，把安检法规作为安检工作的行为准则。只有运用安检法规去开展工作，依法进行严格检查，依法处理工作中的问题，才能促进安全技术检查的规章建设。

3. 惩罚约束作用

安检法规的惩罚约束作用体现在：一方面，安检法规对乘机旅客具有约束力，不管乘机旅客愿意与否，都必须接受安全技术检查。明令禁止旅客携带危险物品和违禁物品，违者将按照《民用航空安全保卫条例》受到拒绝登机、没收违禁物品等相应的处罚。另一方面，安检法规明确规定了安检人员在依法行使安全技术检查权时的安全技术检查范围，对检查过程中查出的违禁物品应根据有关规定处理。

第三节 《民用航空法》的相关知识

《中华人民共和国民用航空法》(简称《民用航空法》)于 1995 年 10 月 30 日由第八届全国人民代表大会常务委员会第十六次会议通过,1996 年 3 月 1 日生效。

《民用航空法》共有 16 章,214 条。

一、《民用航空法》关于公共航空运输企业的规定

第一百条 公共航空运输企业不得运输法律、行政法规规定的禁运物品。

公共航空运输企业未经国务院民用航空主管部门批准,不得运输作战军火、作战物资。

禁止旅客随身携带法律、行政法规规定的禁运物品乘坐民用航空器。

第一百零一条 公共航空运输企业运输危险品,应当遵守国家有关规定。

禁止以非危险品品名托运危险品。

禁止旅客随身携带危险品乘坐民用航空器,除因执行公务并按照国家规定经过批准外。禁止旅客携带枪支、管制刀具乘坐民用航空器。禁止违反国务院民用航空主管部门的规定将危险品作为行李托运。

危险品品名由国务院民用航空主管部门规定并公布。

第一百零二条 公共航空运输企业不得运输拒绝接受安全检查的旅客,不得违反国家规定运输未经安全检查的行李。

公共航空运输企业必须按照国务院民用航空主管部门的规定,对承运的货物进行安全检查或者采取其他保证安全的措施。

第一百零三条 公共航空运输企业从事国际航空运输的民用航空器及其所载人员、行李、货物应当接受边防、海关、检疫等主管部门的检查;但是,检查时应当避免不必要的延误。

二、《民用航空法》关于隐匿携带枪支、弹药、管制刀具乘坐航空器的处罚规定

第一百九十三条 违反本法规定,隐匿携带炸药、雷管或者其他危险品乘坐民用航空器,或者以非危险品品名托运危险品,尚未造成严重后果的,比照刑法第一百六十三条的规定追究刑事责任;造成严重后果的,依照刑法第一百一十条的规定追究刑事责任。

企业事业单位犯前款罪的,判处罚金,并对直接负责的主管人员和其他直接责任人员依照前款规定追究刑事责任。

隐匿携带枪支子弹、管制刀具乘坐民用航空器的,比照刑法第一百六十三条的规定追究刑事责任。

附 《中华人民共和国刑法》的相关内容:

第一百一十六条 破坏火车、汽车、电车、船只、航空器,足以使火车、汽车、电车、船只、航空器发生颠覆、毁坏危险,尚未造成严重后果的,处三年以上十年以下有期徒刑。

第一百一十七条 破坏轨道、桥梁、隧道、公路、机场、航道、灯塔、标志或者进行其他破坏活动,足以使火车、汽车、电车、船只、航空器发生颠覆、毁坏危险,尚未造成严重后果的,处三年以上十年以下有期徒刑。

第一百二十一条 以暴力、胁迫或者其他方法劫持航空器的,处十年以上有期徒刑或者无期徒刑;致人重伤、死亡或者使航空器遭受严重破坏的,处死刑。

第一百二十三条 对飞行中的航空器上的人员使用暴力,危及飞行安全,尚未造成严重后果的,处五年以下有期徒刑或者拘役;造成严重后果的,处五年以上有期徒刑。

第一百二十五条 非法制造、买卖、运输、邮寄、储存枪支、弹药、爆炸物的,处三年以上十年以下有期徒刑;情节严重的,处十年以上有期徒刑、无期徒刑或者死刑。

第一百三十条 非法携带枪支、弹药、管制刀具或者爆炸性、易燃性、放射性、毒害性、腐蚀性物品,进入公共场所或者公共交通工具,危

及公共安全，情节严重的，处三年以下有期徒刑、拘役或者管制。

第四节 《民用航空安全保卫条例》的相关知识

《中华人民共和国民用航空安全保卫条例》（简称《民用航空安全保卫条例》）于 1996 年 7 月 6 日由国务院发布。《民用航空安全保卫条例》共有 6 章，40 条。

《民用航空安全保卫条例》的立法目的是防止对民用航空活动的非法干扰，维护民用航空秩序，保障民用航空安全。

一、《民用航空安全保卫条例》对乘机旅客行李的检查规定

第二十六条 乘坐民用航空器的旅客和其他人员及其携带的行李物品，必须接受安全检查；但是，国务院规定免检的除外。

拒绝接受安全检查的，不准登机，损失自行承担。

二、《民用航空安全保卫条例》对乘机旅客实施证件检查和人身检查的规定

第二十七条 安全检查人员应当查验旅客客票、身份证件和登机牌，使用仪器或者手工对旅客及其行李物品进行安全检查。必要时可以从严检查。

已经安全检查的旅客应当在候机隔离区等待登机。

三、《民用航空安全保卫条例》关于严禁旅客携带违禁物品的规定

第三十二条 除国务院另有规定的外，乘坐民用航空器的，禁止随身携带或者交运下列物品：

（一）枪支、弹药、军械、警械；

（二）管制刀具；

（三）易燃、易爆、有毒、腐蚀性、放射性物品；

（四）国家规定的其他禁运物品。

四、《民用航空安全保卫条例》对进入候机隔离区的工作人员实施安全检查的规定

第二十八条　进入候机隔离区的工作人员（包括机组人员）及其携带的物品，应当接受安全检查。

接送旅客的人员和其他人员不得进入候机隔离区。

五、《民用航空安全保卫条例》关于货物检查的规定

第三十条　空运的货物必须经过安全检查或者对其采取的其他安全措施。

货物托运人不得伪报品名托运或者在货物中夹带危险物品。

六、《民用航空安全保卫条例》关于邮件检查的规定

第二十九条　外交邮袋免予安全检查。外交信使及其随身携带的其他物品应当接受安全检查；但是，中华人民共和国缔结或者参加的国际条约另有规定的除外。

第三十一条　航空邮件必须经过安全检查。发现可疑邮件时，安全检查部门应当会同邮政部门开包查验处理。

七、《民用航空安全保卫条例》关于在航空器活动区和维修区内人员、车辆的规定

第十四条　在航空器活动区和维修区内的人员、车辆必须按照规定路线行进，车辆、设备必须在指定位置停放，一切人员、车辆必须避让航空器。

八、《民用航空安全保卫条例》关于机场控制区的划分规定

第十一条　机场控制区应当根据安全保卫的需要，划定为候机隔离区、行李分检装卸区、航空器活动区和维修区、货物存放区等，并分别设置安全防护设施和明显标志。

九、违反《民用航空安全保卫条例》的处罚机关

违反《民用航空安全保卫条例》的处罚机关是民航公安机关。

第五节 《中国民用航空安全检查规则》的相关知识

《中国民用航空安全检查规则》是民用航空安全工作的规范性文件，由中国民用航空总局于1999年5月14日发布，自1999年6月1日起施行。

新版《中国民用航空安全检查规则》对民航的人、车、物安全检查做了明确规定，已于2016年8月31日经过交通运输部部务会议通过，自2017年1月1日起施行。

《中国民用航空安全检查规则》关于安全检查工作总则的主要规定：

（1）民用航空安全检查部门（以下简称安检部门），依照有关法律、法规和本规则，通过实施安全检查工作（以下简称安检工作），防止危及航空安全的危险品、违禁品进入民用航空器，保障民用航空器及其所载人员、财产的安全。

（2）安检部门依法对旅客、行李、货物、邮件和其他进入机场控制区的工作人员及其携带物品进行安全检查；对候机隔离区内的人员、物品进行安全监控；对执行飞行任务的民用航空器实施监护。

（3）中国民用航空总局公安局（以下简称民航总局公安局）及其派出机构，对安检部门的业务工作进行统一管理和检查。监督从事民用航空活动的单位和人员应当配合安检部门开展工作，共同维护民用航空安全。

（4）安检部门发现有本规则规定的危及民用航空安全行为的，应当予以制止并交由民航公安机关审查处理。

（5）乘坐民用航空器的旅客及其行李，以及进入候机隔离区或民用航空器的其他人员和物品，必须接受安全检查；但是，国务院规定免检的除外。

(6) 安检工作可以收取费用。安检工作费用的收取办法按照有关规定执行。

(7) 安检工作应当坚持安全第一、严格检查、文明执勤、热情服务的原则。

第六节 民用航空危险品运输法律、法规的基本知识

一、国际法规

1. 《危险货物运输建议书》

联合国专家委员会（UNCOE）制定了除放射性物质以外的所有类型危险品航空运输的建议程序。

2. 《安全运输放射性物质规则》

国际原子能机构（IAEA）制定了安全运输放射性物质的建议程序。

3. 《国际民用航空公约》附件18和《危险品航空安全运输技术细则》

国际民航组织（ICAO）在联合国和国际原子能机构两个建议程序的基础上制定了附件18《危险品的安全航空运输》及具体规则《危险品航空安全运输技术细则》（DOC9284，简称TI）。

TI每两年更新一次，是国际法规以及国家法规的基础。

4. 《危险品规则》

《危险品规则》由国际航协（IATA）制定。基于运营和行业标准实践方面的考虑，该规则增加了比《危险品航空安全运输技术细则》更具约束力的规定。《危险品规则》简称DGR。这是行业普遍使用的手册，每年更新一次。

5. 《与危险品有关的航空器事故征候应急响应指南》

国际民航组织制定，为机组人员提供了危险品处理信息的应急指导

程序。

二、《中国民用航空危险品运输管理规定》的基本原则

《中国民用航空危险品运输管理规定》（CCAR-276）由中国民用航空总局于 2004 年 7 月 12 日发布，2004 年 9 月 1 日实施。该规定将《国际民用航空公约》附件 18 和《危险品航空安全运输技术细则》的要求写在规章中，对在中华人民共和国境内运行的载运危险品的国内和国外航空器进行管理。

《中国民用航空危险品运输管理规定》的基本原则是：

（1）航空公司承运危险品必须取得民航总局颁发的危险品运输许可。

（2）无论是否运输商业危险品，航空公司都应编写《危险品手册》和《危险品训练大纲》，建立危险品操作程序（包括隐含危险品的识别程序），对员工进行培训。

（3）托运人有对货物进行正确申报和包装的责任。

（4）运营人有对货物进行检查的责任。

思考题：

1. 国际民航组织的主要任务是什么？
2. 国际航空运输协会的总部设在哪里？
3. 安检法规的特点是什么？

第四章 物品检查知识

第一节 物品检查的重要性

物品检查是安检工作中非常重要的一个环节。物品检查员在服务工作中，除了严格遵循礼仪礼节，使用文明用语之外，检查工作中的解释说明也非常重要。

一、物品检查的技巧

（一）解释说明要有重点

解释说明要简洁、有力，就事论事。经常有旅客因为办理登机手续、行李托运等不太顺利，到安检处刚好憋了一肚子火，再遇上有些物品不能被带上飞机，情绪就爆发了，不断向安检人员宣泄各种怒气。对此，安检人员不要被旅客情绪所干扰，应冷静地分析旅客的陈述，抓住问题的重点，进行简洁的解释说明，再善意地提醒旅客：我们先来解决眼前的问题好吗？否则，会耽误您的乘机时间。

（二）要具备较高的职业修养

一名好的安检人员应当学会控制自己的情绪，无论遇到什么事，都不应该将不良情绪带到工作岗位上，而应该保持平和、冷静的工作态度。有些工作经验不足的安检人员，当遇到旅客不配合甚至刁难时，容易被带入不良情绪中，这样不但解决不了问题，还可能影响下面的检查工作。因此，一名合格的安检人员应该事先就想到，在与旅客打交道时可能会遇到各种各样的问题，自己始终要以专业的工作态度来对待。只有自己的情绪平稳了，在向旅客解释说明时才能做到条理清晰、不卑不亢。

（三）熟悉行业法律规章，解答问题有理有据

这是最基本的要求。安检人员必须熟练掌握民航法律法规和检查规则，才能在旅客提出质疑时给出合理的解答，让旅客心服口服。

（四）服务态度要好

对不能携带上飞机的物品，安检人员的态度要坚决，但语气要和蔼。要让旅客感受到，规定虽然死板，但安检人员的态度确实让人无可挑剔。对不能携带的物品，要快速、明确地对旅客给出建议：可托运，可寄存或是送出，不能让旅客觉得无所适从。例如，经常有旅客对不能带一些普通的生活用品感到困惑，如打火机、水果刀。对此，安检人员可以向旅客解释："我们理解您的心情，但是飞机作为一种特殊的运输工具，一些很不起眼的物品都有可能干扰它的正常飞行。为了您和其他旅客的安全，请您配合检查。"还有一些旅客喜欢向安检人员说情，希望网开一面。对此，安检人员可以向其明确表明："这件物品是绝对不能携带的，但我们可以为您办理暂存手续。"

二、物品检查普及方法

（一）加大宣传力度

很多机场为方便旅客出行，不断加大宣传力度。例如，在安检现场通道口设置宣传台，向旅客发放传单；通过候机厅内的航班信息显示器和人工广播，不断地滚动显示或播报"乘坐国际国内航班的旅客，禁止随身携带液态物品"之类的规定；还可通过电视、广播、报纸等媒体进行宣传。

（二）加强安全意识教育

机场一方面要加强安检人员的安全意识教育，另一方面要通过多种形式引导旅客自觉遵守航空安全规则，使旅客意识到安检工作是为了保证他们的人身安全，而不是走形式。只有旅客充分理解安检工作的重要性，才能积极配合安检人员的工作，从而减少摩擦。

第二节　禁止旅客随身携带或者托运的物品

民航物品安全检查是安检中最重要的环节之一，它关系到飞机和乘客的安全。国务院民用航空主管部门针对物品检查出台了一系列的措施和规定，任何乘坐民航班机的乘客都必须遵守。

《中国民用航空安全检查规则》附件一《禁止旅客随身携带或者托运的物品》如下，共九大类。

1. 枪支、军用或警用械具类（含主要零部件）

（1）军用枪、公务用枪，即手枪、步枪、冲锋枪、机枪、防暴枪等。

（2）民用枪，即气枪、猎枪、运动枪、麻醉注射枪、发令枪等。

（3）其他枪支，即样品枪、道具枪等。

（4）军械、警械，即警棍、军用或警用匕首、刺刀等。

（5）国家禁止的枪支、械具，即钢珠枪、催泪枪、电击枪、电击器、防卫器等。

（6）上述物品的仿制品。

2. 爆炸物品类

（1）弹药，包括炸弹、手榴弹、照明弹、燃烧弹、烟幕弹、信号弹、催泪弹、毒气弹和子弹（空包弹、战斗弹、检验弹、教练弹）等。

（2）爆破器材，包括炸药、雷管、导火索、导爆索、非电导爆系统、爆破剂等。

（3）烟火制品，包括礼花弹、烟花、爆竹等。

（4）上述物品的仿制品。

3. 管制刀具

管制刀具指 1983 年经国务院批准由公安部颁布实施的《对部分刀具实行管制的暂行规定》中所列出的刀具，包括匕首、三棱刀（包括机械加工用的三棱刮刀）、带有自锁装置的刀具和形似匕首但长度超过匕首的单刃刀、双刃刀以及其他类似的单刃、双刃、三棱尖刀等。少数民族由于生活习惯需要佩带和使用的藏刀、腰刀、靴刀等属于管制刀具，只准在民族自治地方销售、使用。

4. 易燃易爆物品

氢气、氧气、丁烷等瓶装压缩气体和液化气体；黄磷、白磷、硝化纤维（含胶片）、油纸及其制品等自燃物品；金属钾、钠、锂，以及碳化钙（电石）、镁铝粉等遇水燃烧物品；汽油、煤油、柴油、苯、乙醇（酒精）、油漆、稀料（溶剂）、松香油等易燃液体；闪光粉、固体酒精、赛璐珞等易燃固体；过氧化钠、过氧化钾、过氧化铅、过醋酸等各种无机或有机氧化剂。

5. 毒害品

各种氰化物、砷化物、剧毒农药等剧毒物品。

6. 腐蚀性物品

硫酸、盐酸、硝酸、有液蓄电池、氢氧化钠、氢氧化钾等。

7. 放射性物品

放射性同位素等各种具有放射性的物品。

8. 其他危害飞行安全的物品

例如，可能干扰飞机上各种仪表正常工作的强磁化物、有强烈刺激性气味的物品等。

9. 国家法律法规规定的其他禁止携带、运输的物品

相关知识

一、仿真枪的认定标准

仿真枪的认定工作由县级或者县级以上公安机关负责，对能够发射弹丸需要进行鉴定的，由县级以上公安机关刑事技术部门负责按照《枪支致伤力的法庭科学鉴定判据》，参照《公安机关涉案枪支弹药性能鉴定工作规定》（公通字［2001］68号），从其所发射弹丸的能量进行鉴定是否属于枪支。当事人或办案机关对仿真枪的认定提出异议的，由上一级公安机关重新认定。

（一）凡符合以下条件之一的，可以认定为仿真枪。

1. 符合《中华人民共和国枪支管理法》规定的枪支构成要件，所发射金属弹丸或其他物质的枪口比动能小于 1.8 J/cm² （不含本数）、大于 0.16 J/cm² （不含本数）的；

2. 具备枪支外形特征，并且具有与制式枪支材质和功能相似的枪管、枪机、机匣或者击发等机构之一的；

3. 外形、颜色与制式枪支相同或者近似，并且外形长度尺寸介于相应制式枪支全枪长度尺寸的二分之一与一倍之间的。

（二）枪口比动能的计算，按照《枪支致伤力的法庭科学鉴定判据》规定的计算方法执行。

（三）术语解释。

1. 制式枪支：国内制造的制式枪支是指已完成定型试验，并且经军队或国家有关主管部门批准投入装备、使用（含外贸出口）的各类枪支。国外制造的制式枪支是指制造商已完成定型试验，并且装备、使用或投入市场销售的各类枪支。

2. 全枪长：是指从枪管口部至枪托或枪机框（适用于无枪托的枪支）底部的长度。

二、管制刀具的认定标准

（一）凡符合下列标准之一的，可以认定为管制刀具。

1. 匕首：带有刀柄、刀格和血槽，刀尖角度小于 60° 的单刃、双刃或多刃尖刀（如图一）。

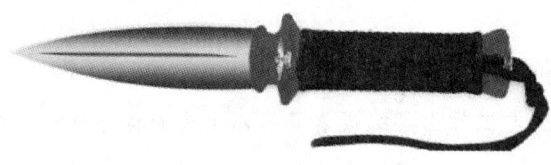

图一

2. 三棱刮刀：具有三个刀刃的机械加工用刀具（如图二）。

图二

3. 带有自锁装置的弹簧刀（跳刀）：刀身展开或弹出后，可被刀柄内的弹簧或卡锁固定自锁的折叠刀具（如图三）。

图三

4. 其他相类似的单刃、双刃、三棱尖刀：刀尖角度小于60°，刀身长度超过150 mm的各类单刃、双刃和多刃刀具（如图四）。

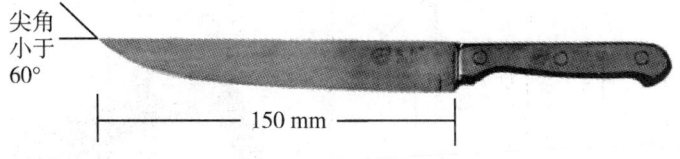

图四

5. 其他刀尖角度大于60°，刀身长度超过220 mm的各类单刃、双刃和多刃刀具（如图五）。

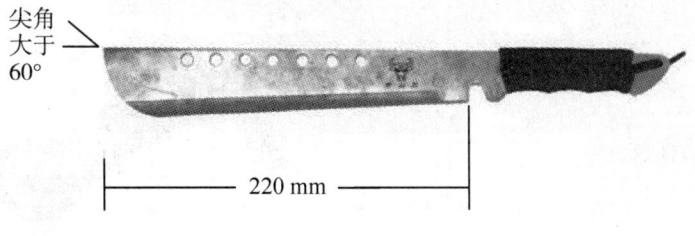

图五

（二）未开刀刃且刀尖倒角半径 R 大于2.5 mm的各类武术、工艺、礼品等刀具不属于管制刀具范畴。

（三）少数民族使用的藏刀、腰刀、靴刀、马刀等刀具的管制范围认定标准，由少数民族自治区（自治州、自治县）人民政府公安机关参照本标准制定。

（四）术语说明。

1. 刀柄：是指刀上被用来握持的部分（如图六）。

2. 刀格（挡手）：是指刀上用来隔离刀柄与刀身的部分（如图六）。

3. 刀身：是指刀上用来完成切、削、刺等功能的部分（如图六）。

4. 血槽：是指刀身上的专用刻槽（如图六）。

5. 刀尖角度：是指刀刃与刀背（或另一侧刀刃）上距离刀尖顶点 10 mm 的点与刀尖顶点形成的角度（如图六）。

6. 刀刃（刃口）：是指刀身上用来切、削、砍的一边，一般情况下刃口厚度小于 0.5 mm（如图六）。

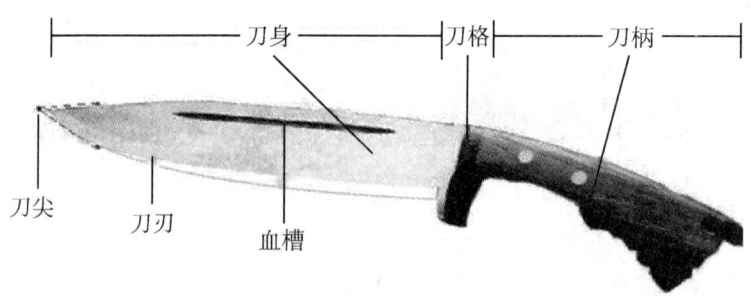

图六

7. 刀尖倒角：是指刀尖部所具有的圆弧度（如图七）。

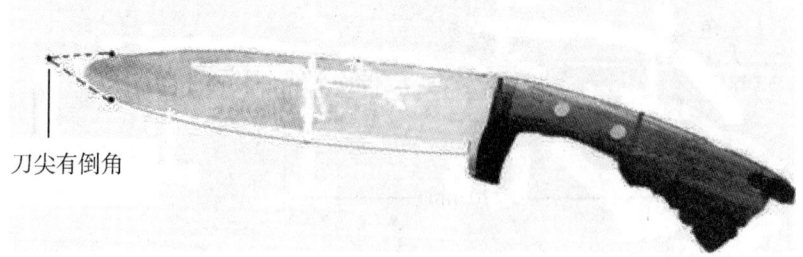

图七

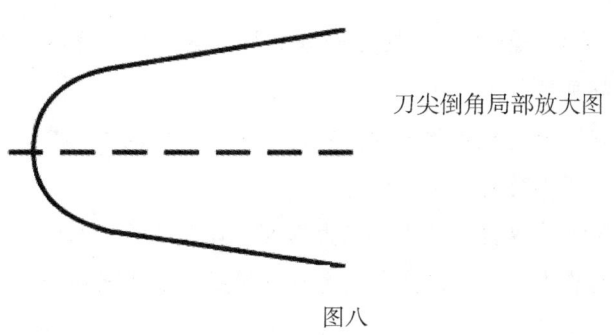

图八

第三节　禁止旅客随身携带但可作为行李托运的物品

《中国民用航空安全检查规则》附件二《禁止旅客随身携带但可作为行李托运的物品》如下：

指除附件一规定的物品外，其他可以用于危害航空安全的菜刀、大剪刀、大水果刀、剃刀等生活用刀，手术刀、屠宰刀、雕刻刀等专业刀具，文艺单位表演用的刀、矛、剑、戟等，斧、凿、锤、锥，以及加重或有尖头的手杖、铁头登山杖和其他可用来危害航空安全的锐器及钝器。

第四节　乘机旅客随身携带液态物品及打火机的规定

根据 2007 年 3 月 17 日中国民用航空总局发布的《关于限制携带液态物品乘坐民航飞机的公告》，对旅客随身携带液态物品作如下规定：

为确保航空安全，参照国际民航组织的标准，决定限制携带液态物品乘坐民航飞机。

一、乘坐中国国内航班的旅客，每人每次可随身携带总量不超过 1 升

（L）的液态物品（不含酒类），超出部分必须交运。液态物品须开瓶检查确认无疑后，方可携带。

二、乘坐中国境内机场始发的国际、地区航班的旅客，其随身携带的液态物品每件容积不得超过 100 ml。

盛放液态物品的容器，应置于最大容积不超过 1 升（L）的、可重新封口的透明塑料袋中。每名旅客每次允许携带一个透明塑料袋，超出部分应交运。

盛装液态物品的透明塑料袋应单独接受安全检查。

需在国外、境外机场转机的由中国境内机场始发的国际、地区航班旅客，在候机楼免税店或机上购买的液态物品，应保留购物凭证以备查验。所购物品应盛放在封口的透明塑料袋中，且不得自行拆封。国外、境外机场对携带免税液态物品有特殊规定的，从其规定。

来自境外需在中国境内机场转乘国际、地区航班的旅客，携带液态物品，适用本条规定。其携带入境的免税液态物品应盛放在袋内完好无损、封口的透明塑料袋中，并须出示购物凭证。

三、在中国境内乘坐民航班机，酒类物品不得随身携带，但可作为托运行李交运。酒类物品的包装应符合民航运输有关规定。

四、有婴儿随行的旅客携带液态乳制品，糖尿病或其他疾病患者携带必需的液态药品，经安全检查确认无疑后，可适量携带。

五、旅客因违反上述规定造成误机等后果的，责任自负。

本公告自 2007 年 5 月 1 日起施行，2003 年 2 月 5 日发布的《中国民用航空总局关于对旅客随身携带液态物品乘坐民航飞机加强管理的公告》同时废止。

根据中国民用航空总局 2008 年 3 月 14 日发布的《关于禁止旅客随身携带液态物品乘坐国内航班的公告》，对旅客随身携带液态物品作如下规定：

为维护旅客生命财产安全，中国民用航空总局决定调整旅客随身携带液态物品乘坐国内航班的相关措施，现公告如下：

一、乘坐国内航班的旅客一律禁止随身携带液态物品，但可办理交运,其包装应符合民航运输有关规定。

二、旅客携带少量旅行自用的化妆品,每种化妆品限带一件,其容器容积不得超过 100 ml,并应置于独立袋内,接受开瓶检查。

三、来自境外需在中国境内机场转乘国内航班的旅客,其携带入境的免税液态物品应置于袋体完好无损且封口的透明塑料袋内,并需出示购物凭证,经安全检查确认无疑后方可携带。

四、有婴儿随行的旅客,购票时可向航空公司申请,由航空公司在机上免费提供液态乳制品;糖尿病患者或者其他患者携带必需的液态药品,经安全检查确认无疑后,交由机组保管。

五、乘坐国际、地区航班的旅客,其携带的液态物品仍执行中国民用航空总局 2007 年 3 月 17 日发布的《关于限制携带液态物品乘坐民航飞机的公告》中有关规定。

六、旅客违反上述规定造成误机等后果的,责任自负。

本公告自公布之日起施行。

根据 2008 年 4 月 7 日中国民用航空总局发布的《关于禁止旅客随身携带打火机火柴乘坐民航飞机的公告》,对旅客随身携带打火机、火柴作如下规定:

根据航空安全需要,决定从即日起,禁止旅客随身携带打火机、火柴乘坐民航飞机。提醒广大旅客自行处理好相关物品,由此发生的延误和误机,后果自负。

思考题:

1. 哪些物品乘机时可以限量携带?
2. 下列物品哪些可以放入托运行李中交运?

玩具枪、烟花、藏刀、剪刀、闪光粉、锤子、空气清洗剂、液态牛奶、菜刀、农药、香水、打火机。

3. 乘机旅客随身携带液态物品的规定是什么?

第五章　涉外安全技术检查

第一节　涉外工作常识

一、外交、外事、涉外的概念

外交，是指一个国家在国际关系方面的活动，如参加国际会议和组织，跟别的国家互派使节、进行谈判、签订条约和协定等。

外交是独立国家对外行使主权的官方行为，是国家捍卫本国利益和实施对外政策的重要手段；外交采用的是和平方式，主要是谈判和不同形式的对话，包括参加国际会议和国际组织；从事外交活动的是正式代表国家的机构和人员，不仅是专职外交人员和外交机构，还包括国家首脑人物多种方式的直接参与；外交是处理国家关系的科学、艺术和技巧。

外事，即外交事务的简称，一般泛指国家、地方和部门涉及国外、境外的事务。广义上说，"外事"包括"外交"；狭义上说，则指有别于"外交"的一般"外事"。

国家正式办理外交事务的机构叫做外交机构，如驻外使领馆等，而其他各种对外机构则统称外事机构或涉外单位。例如，中共中央对外联络部就是党的外事机构；地方各级外事办公室，既是当地党委的办事机构，又是当地政府的职能部门。

涉外，是涉外事务的统称。"涉外"与"外事"两个概念在广义上是可以通用的。例如,可以说这是"外事"问题,也可以说这是"涉外"问题。但在狭义上则有些微小的差别,比如说,"外事部门"通常指地方外办等专职外事部门,而"涉外部门"则指涉外的业务部门。从事涉外工作的有关人员叫做"涉外人员"。

二、安检涉外知识的主要内容

外事知识包括国际交往和外事活动中的礼仪礼节、各国的风俗习惯、宗教信仰、外事纪律、边防、海关等有关方面的知识,其范围广、内容多。下面是安检涉外知识的主要内容。

(一)国旗的悬挂与象征

国旗是国家的一种标志,是国家主权的象征。外交场合悬挂国旗既是一种外交特权,也是一种外事礼仪。庆祝本国或驻在国重大节日时,须悬挂国旗,表示对本国的热爱和对驻在国的尊重。

在建筑物或广场悬挂国旗超过一天以上时,应日出升旗,日落降旗。遇国旗升至杆顶,再下降相当于杆长 1/3 处,为悬旗致哀,通常为降半旗。同时悬挂双方国旗,应以右为上,左为下,两国国旗并挂,以旗身面为准,右挂客方国旗,左挂东道国国旗。汽车上挂旗,以汽车行进方向为准,驾驶员右手方向挂客方国旗,左手方向挂东道国国旗。

各国国旗图案、式样、颜色、比例均由本国宪法规定,其图案等均有来历,各不相同。国旗的色彩有红、黄、绿、蓝、白、黑等,有其独特的象征。使用最多的是红色,它象征为国家独立、解放而斗争的精神及国家的兴旺发达,光明前途;绿色象征吉祥、生命、美好;蓝色象征湖泊、海洋、河流;黄色象征阳光、黄金、矿藏、财富等;白色象征和平、纯洁、公正;黑色则是威严、庄重的象征。还有一些国家选用区域习惯性配色方法,如阿拉伯国家多用红、白、黑三色,被称为阿拉伯色。

(二)涉外活动中的称呼

涉外活动中,一般对男子称先生,对女子称夫人、女士、小姐。已婚女子统称夫人,未婚女子统称小姐。不了解女子婚姻状况时,可称小姐或女士,对佩戴结婚戒指的年纪稍大的女子可称夫人。这些称呼均可以冠以姓名、职称、军衔等,如"市长先生""布朗先生""上校先生""朱莉小姐""罗莎女士""伊娃夫人"等。对地位高的官方人士（部长以上的高级官员），可称"阁下"或"先生"，如"总统阁下""主席先生阁下""大使先生阁下"等。但美国、墨西哥、德国等国习惯上称先生，而不称阁下。对医生、教授、法官、律师以及有博士学位等的人士，均可单独称"医生""教授""法官""律师""博士"等，可以同时加上姓氏，也可以加上"先生"，如"弗林教授""法官先生""科克博士先生"等。对军人一般称军衔，或军衔加先生，对将军、元帅等高级军官可称阁下，前面可冠以姓名，如"将军阁下""上校先生""迈尔少校"等。对教会中的神职人员，可称教会的职称，或姓名加职称或先生，或职称加先生，如"亲爱的牧师""派克神父""派克先生"等。社会主义国家之间，对有同志相称的国家的各种人员均可称"同志"，如"主席同志""上校同志""科萨列夫同志"等。

第二节　涉外服务礼仪

一、涉外礼仪礼节知识

（一）招呼

见面时的互相招呼是日常涉外活动中最简单的礼节，如见面时说"早上好！""下午好！""晚上好！""您好！"等等。与熟人见面时，要主动打招呼，以示尊重对方。如果对方主动与你打招呼，你应回复对方，否则是不礼貌的。

与西方人打招呼，应避免中国式的打招呼。例如，不要说"你上哪里去"这类问候语，这会让对方误认为你是在探听他的私事，是一种不礼貌的语言；也不要见面就问"你吃过饭了吗"这类问题，否则对方会误以为你要请他吃饭。

与日本人打招呼，最普通的语言是"您早！""您好！""拜托了！""请多关照！""对不起！""失礼了！"等等。中东地区国家，由于多信奉伊斯兰教，打招呼时的第一句话通常是"真主保佑"，以示祝福；而在东南亚国家，由于多信奉佛教，见面时则说"愿菩萨保佑"等等。

（二）介绍

介绍是一切社交活动的开始，是社交场合中普遍的礼节礼仪。工作中可通过第三者介绍、引见，也可以自我介绍。为他人介绍，要先了解对方是否有结识的愿望，不要贸然行事。无论是自我介绍还是为他人介绍，做法都要自然。

介绍的顺序通常是：①先把主人介绍给客人；②先把男士介绍给女士；③先把年轻的介绍给年长的；④先把晚辈介绍给长辈；⑤先把身份低的介绍给身份高的。

介绍时，介绍人和被介绍人均要站立。在简单介绍时，先生、女士等称呼要紧跟其姓，不可同时既称先生又加头衔。

自我介绍时，应先将自己的姓名、职务介绍给对方，并有礼貌地以手示意，不要用手指指点点。介绍后，通常相互握手，微笑并互致问候。

（三）握手礼

握手是相互见面或离别、祝贺、致谢时的一种世界上使用最广泛的礼节。相互介绍和会面时握手，握一下即可。关系亲密的人，两人双手可长时间地握在一起。年轻者与年长者、身份低者与身份高者握手时，应稍微躬身迎握，以示尊敬。男士与女士握手时，往往只握一下女士的手指部分。与女士握手要轻一些，与男士握手可略重一些。握手应由主人、年长者、身份高者、女士先伸手，客人、年轻者、身份低者见面先问候，待对方伸出手再握。男士在握手前应先脱下手套、摘下帽子，女士则可不脱手套。握手时，双目正视对方，微笑欠身。不要看着第三者握手，更不能东张西望，否则便是傲慢无礼。拒绝对方主动要求握手的行为，是很失礼的。

（四）交谈

与外国旅客交谈时要表情自然大方，语言和蔼诚挚，不要用手指人，不自吹自擂，不崇洋媚外。谈话时，不要离对方太远，但也不要离对方太近，更不要唾沫四溅。别人在谈话时，不要凑近旁听。若需与某人说话，应等待别人说完。谈话时，不得询问对方的年龄、履历、婚姻、工资、衣饰价格等；不谈一些荒诞离奇、黄色淫秽的事；对方不愿回答的问题不要追问；不以对方的生理特点为话题，如胖、瘦、高、矮等。

与女士谈话时，不要无休止地攀谈，让人反感；要谦让、谨慎，不要随意玩笑。

要严守国家机密，谈话中不涉及政治、国家关系问题，不涉及有争议的敏感问题。

谈话和回答问题应实事求是，恰如其分。对旅客提出的要求，应当留有一定余地，不要随便许诺。

谈话中要使用礼貌语言，如你好、请、谢谢、对不起、打扰了、再见等。

（五）同女性接触中应注意的礼节

西方国家为表示尊重妇女，在举止上处处注重女士优先的礼节。女士进门，男士要主动给她开门；女士入座，男士要主动帮助她把椅子从桌下拉出来，调整好位置，请她入座；乘车时，男士应主动给女士开车门。同女士初次见面时，称其为"夫人"或"太太"，也可称其为"女士"，年轻的可称呼"小姐"。谈话中不要打听对方的年龄、婚姻状况、收入等；如果对方没有首先将手伸出来，不能同对方握手，以免失礼。

（六）点头礼

点头礼是同级或平辈间的礼节，在行走时相遇，点头致意，不必停留。在行进间遇到上级，必须立正行礼，上级对部下或长者对晚辈的答礼，可在行进间进行。

（七）致意

以右手打招呼并点头致意，适用于远距离场合遇到相识的人。西方男子戴礼帽时，可脱帽，点头致意。有时与相遇者侧身而过，也应回身道声"你好"致意。

同一场合多次与相识者见面，只点头致意即可。对一面之交的朋友或不相识者，在交际场合均可点头或微笑致意。

遇有身份高的领导人，应有礼貌地点头致意，表示欢迎，不要主动上前握手问候。只有领导人主动伸手时，才能向前握手问候。

（八）合十礼

合十礼又称合掌礼，即把两个手掌在胸前对合，掌尖和鼻尖基本平行，手掌向外倾斜，头略低。这种礼节，通行于南亚与东南亚信奉佛教的国家。在平日工作中，当对方用这种礼节致礼时，应以同样的礼节还礼。

（九）拥抱接吻礼

拥抱接吻礼因不符合我国国情，原则上不接受。若工作中遇到这种情况，不必惊慌失措，稍稍后退，竖起手掌，掌心向外做拒绝姿态，同时说："对不起，先生（夫人），这不符合我国国情，请谅解！"

（十）手势、姿势语言

西方人性格大都外向，与人交谈时面部表情丰富，常伴随一些手势，代替语言，表示某种特定的意思或加强语气。如"OK"手势，用食指与拇指构成回圈状，其余三指向上，表示"好极了""同意""一切正常"。竖起食指对人不停地摇晃，表示"不赞成""不满意""不对"和"警告"。

频频用手指轻轻地击桌子是表示不耐烦。用大拇指向下指表示"反对"和"不接受"。

用手指胸表示"我"。两手交叉放在胸前表示"无可奈何""毫无办法""毫无希望"。西方人伸出分开的拇指和食指是表示数字"2"，因为他们用手指表示数字是从拇指开始的，竖起几根手指则表示几。手掌向下并翻动一两次，表示"差不多""还算可以"。

（十一）尊重老人和妇女

这是西方社会的传统礼节礼仪，也是文明社会的一种美德。在安检工作中，也要敬老尊长，体现"女士第一、长者优先"的原则。

二、安检涉外工作中的外事纪律

安检涉外工作中的外事纪律主要包括：

（1）坚决维护国家主权、尊严和利益，不做有损于国家尊严的事，不说不利于国家声誉的话。

（2）尊重不同国家、不同民族的风俗习惯和宗教信仰，不随意干涉对方的内部事务。

（3）严守党和国家的秘密，不在外国人、外籍人面前谈论内部机密。

(4) 严格遵守请示报告制度。请示报告的问题要及时、准确。不超越职权范围，不随意代表国家或本单位对外处理问题、发表意见、公开表态等。

(5) 不准利用工作之便向外国旅客索要、价购、托购、套购任何物品或变相收受礼品。不许背着组织同任何国家驻外机构或个人发生任何关系。

(6) 拒腐蚀，永不沾。不得利用工作之便翻阅外国旅客携带的黄色书籍和刊物。

第三节　机场联检部门工作常识

国际航班联检单位是指我国设在对外开放机场，对出入境飞机、人员、货物、行李物品、邮件等依据有关法律法规进行各项检查和检验，以及负责其保障工作的各有关单位，包括公安边防检查部门、海关总署驻机场海关部门、出入境检验检疫部门、民航机场安全检查部门等。此外，还有地方公安机关的出入境管理机关、民航运输国际值机部门以及负责协调联检各单位工作的政府口岸管理机构等。

一、公安边防检查部门

公安边防检查部门是国家设在对外开放口岸以及特许的进出境口岸的出入境检查管理机关，是代表国家行使出入境管理职权的职能部门。其任务是维护国家主权、安全和社会秩序，开展国际交往，对一切出入境人员的护照、证件和交通运输工具实施边防检查和管理，实施口岸查控，防止非法出入境。

（一）抵、离口岸人员的出入境检查

公安边防检查部门依据《中华人民共和国出入境边防检查条例》代表国家行使出入境管理，对外国人、港澳同胞、台湾同胞、海外侨胞以及中国公民因公、因私出入境进行严格的证件检查。

（二）拒绝、阻止出入境

《中华人民共和国外国人出入境管理法》和《中华人民共和国公民出入境管理法》规定的拒绝外国人和中国公民出入境的以下几种情形，边防检查部门有权阻止其出入境：未持有效护照、证件或签证的；持伪造、涂改或他人护照、证件的；拒绝接受查验证件的；公安部或国家安全部通知不准出入境的。

（三）交通运输工具的检查

设在我国对外开放的国际机场、港口的公安边防检查部门分别对国际航空器、国际航行船舶等运输工具实施边防检查。其具体内容是：办理中外籍交通运输工具的出入境手续；查封、启封外国交通运输工具所携带的枪支、弹药；查验出入境人员的护照、证件；办理出入境手续或注销、加注手续；签发和收缴有关证件。

（四）边防检查须知

（1）出入境人员和交通运输工具必须遵守中华人民共和国的法律、行政法规，接受边防检查、监护和管理。

（2）出入境人员必须按规定填写出入境登记卡，交验本人的有效护照或其他出入境证件，经边防检查人员查验核准后方可出入境。

（3）边防检查站对违反中华人民共和国法律法规的人员和交通运输工具，有权阻止其出境、入境，并依法实施处罚。

（4）被处罚者对边防检查站作出的处罚决定不服的，可在法定时间内向本站所在地的公安机关申请复议；对复议决定不服的，可在法定时间内向所在地的人民法院提起诉讼。

（5）为维护国家主权、安全和出入境秩序，边防检查站对口岸的限定区域进行警戒。

（6）任何组织和个人不得妨碍边防检查人员执行公务。

二、海关

海关是根据国家法律对进出境的运输工具、货物及物品进行监督管理和征收关税的国家行政机关。海关的任务是依照《中华人民共和国海关法》和其他有关法律法规，监管进出境的运输工具、货物、行李物品、邮递物品和其他物品，征收关税和其他税费，查缉走私，编制海关统计资料和办理其他海关业务。

(一) 进出境货物的管理

进口货物自进境起到办理海关手续止，出口货物自向海关申报起到出境止，进境、转运和通运货物自进境起到出境止，均应当接受海关监管。

(二) 进出境运输工具的管理

进出境运输工具到达或者驶离设立海关的地点时，运输工具负责人应当向海关如实申报，交验单据，接受海关监管。未经海关同意，不得擅自驶离。

运输工具装卸进出境货物和上下进出境旅客，应当接受海关监管。上下进出境运输工具的人员所携带的物品，应当向海关如实申报，接受海关检查。对于有走私嫌疑的，海关有权开拆可能藏匿走私货物、物品的进出境运输工具的部位。

(三) 进出境物品的管理

个人携带进出境的行李物品和邮寄进出境的物品，应当以自用、合理数量为限，接受海关监管。

进出境物品的所有人应当如实向海关申报，接受海关查验。海关加封的封条标志，任何人不得擅自开启或损毁。进出境邮袋的装卸、转运和过境应接受海关监管。

(四) 关税的征收和减免

准许进出口的货物和进出境的物品，除《中华人民共和国海关法》另有规定的外，均由海关依照进出口税则征收关税。进出境物品的纳税义务人，应当在物品放行前缴纳税款。部分规定的进口货物、进出境物品可减征或免征关税。

(五) 出入境旅客须知

根据《中华人民共和国海关法》和《中华人民共和国海关对进出境旅客行李物品监管办法》的规定，进出境旅客行李物品必须通过设有海关的地点进境或出境，接受海关监管，旅客应按规定向海关申报。除法规规定免验者外，进出境旅客行李物品应交由海关按规定查验放行。海关验放进出境旅客行李物品，以自用合理数量为原则，对不同类型的旅客行李物品规定不同的范围和征税限量或限值。

旅客进出境携有需向海关申报的物品,应在申报台前向海关递交中华人民共和国海关进出境旅客行李物品申报单或海关规定的其他申报单证,按规定如实申报其行李物品,报请海关办理物品进境或出境手续。在实施双通道制的海关现场,上述旅客应选择"申报"通道(亦称"红色通道")通关;携带无须向海关申报的物品的旅客,即可选择"无申报"通道(亦称"绿色通道")通关。

经海关验核签章的申报单证请妥善保管,以便回程时或者进境后凭此申报单证办理有关手续。海关对进出境行李物品加施的标志,请不要擅自拆开或者损毁。

1. 部分限制进出境物品

(1) 烟、酒。具体内容参见下表:

旅客类别	免税烟草	免税12度以上酒精饮料限量
来往港澳地区的旅客(包括港澳旅客和内地因私前往港澳地区探亲或旅游等旅客)	香烟200支或雪茄50支或烟丝250克	酒1瓶(不超过0.75 L)
当天往返或短期内多次来往港澳地区的旅客	香烟40支或雪茄5支或烟丝40克	不准免税带进
其他进境旅客	香烟400支或雪茄100支或烟丝500克	酒2瓶(不超过1.5 L)

(2) 旅行自用物品。非居民旅客及持有前往国家或地区再入境签证的居民旅客携进旅行自用物品限照相机、便携式收录音机、小型摄影机、手提式摄录机、手提式文字处理机每种一件。超出范围的,需向海关如实申报,并办理有关手续。经海关放行的旅行自用物品,旅客应在回程时复带出境。

(3) 金、银及其制品。旅客携带金、银及其制品进境应以自用合理数量为限,其中超过50克的,应填写申报单证,向海关申报;复带出境时,海关凭本次进境申报的数量核对放行。携带或托运出境在中国境内购买的金、银及其制品（包括镶嵌饰品、器皿等新工艺品），海关凭中国人民银行制发的"特种发票"放行。

（4）外汇。旅客携带外币、旅行支票、信用卡等进境，其数量不受限制。居民旅客携带1000美元（非居民旅客5000美元）以上或等值的其他外币现钞进境，须向海关如实申报；复带出境时，海关凭本次进境申报的数额核对放行。旅客携带上述情况以外的外汇出境，海关凭国家外汇管理局制发的"外汇携带证明"查验放行。

（5）人民币。旅客携带人民币进出境，限额为6000元。超出6000元的不准进出境。

（6）文物（含已故现代著名书画家的作品）。旅客携带文物进境，如需复带出境，应向海关详细报明。旅客携带出境的文物，必须经有关文化行政管理部门鉴定，并向海关详细申报。对在境内商店购买的文物，海关凭有关文化行政管理部门钤盖的鉴定标志及文物外销发货票查验放行；对在境内通过其他途径得到的文物，海关凭有关文化行政管理部门钤盖的鉴定标志及开具的许可出口证明查验放行；未经鉴定的文物，不得携带出境。携带文物出境，不据实向海关申报的，海关将依法处理。

（7）中药材、中成药。旅客携带中药材、中成药出境，前往国外的，总值限人民币300元；前往港澳地区的，总值限人民币150元。寄往国外的中药材、中成药，总值限人民币200元；寄往港澳地区的，总值限人民币100元。进境旅客出境时携带用外汇购买的数量合理的自用中药材、中成药，海关凭有关发货票和外汇兑换税单放行。麝香以及超出上述规定限值的中药材、中成药不准出境。

（8）旅游商品。进境旅客出境时携带用外汇在我国境内购买的旅游纪念品、工艺品，除国家规定应申领出口许可证或者应征出口税的品种外，海关凭有关发货票和外汇兑换税单放行。

2. 行李物品和邮递物品征税办法

为了简化计税手续和方便纳税人，中国海关对进境旅客行李物品和个人邮递物品实施了专用税则、税率。现行税率共有五个税级：免税、10%、20%、30%、50%。物品进口税从价计征。其完税价格，由海关参照国际市场零售价格统一审定，并对外公布实施。

3. 禁止进境物品

（1）各种武器、仿真武器、弹药及爆炸物品。

（2）伪造的货币及伪造的有价证券。

（3）对中国政治、经济、文化、道德有害的印刷品、胶卷、照片、唱片、影片、录音带、录像带、激光视盘、计算机存储介质及其他物品。

（4）各种烈性毒药。

（5）鸦片、吗啡、海洛因、大麻以及其他能使人成瘾的麻醉品和精神药物。

（6）带有危险性病菌、害虫以及其他有害生物（动物、植物）及其产品。

（7）有碍人、畜健康的或来自疫区的，以及可能传播疾病的食品、药物或其他物品。

4. 禁止出境物品

（1）列入禁止进境范围的所有物品。

（2）内容涉及国家秘密的手稿、印刷品、胶卷、照片、唱片、影片、录音带、录像带、激光视盘、计算机存储介质及其他物品。

（3）珍贵文物及其他禁止出境的文物。

（4）濒危的和珍贵的动物、植物（均含标本）及其种子和繁殖材料。

根据《中华人民共和国海关法》以及《海关总署关于罚没财物的管理办法》，海关对于没收的走私货物及物品，除违禁品、金银、外币、文物等国家专管或专营的不允许流通的物品以及国家指定销售部门销售的物品外，凡是国家法律、行政法规允许流通的各类货物及物品，一律按照《中华人民共和国拍卖法》的规定，委托拍卖企业予以公开拍卖，拍卖价款全部上缴中央国库。拍卖企业的确定也应当符合国家法律、行政法规的规定。例如：海关罚没的进口汽车、摩托车等车辆，应交给有拍卖走私罚没车辆资质的拍卖企业拍卖；香烟及烟草制品委托国家烟草专卖主管部门批准的具有经营权的拍卖企业拍卖或收购等。

三、出入境检验检疫部门

（一）卫生检疫

卫生检疫部门是国家在国境口岸的卫生检疫机关，执行《中华人民共和国国境卫生检疫法》《中华人民共和国食品卫生法》等有关法规，防止传染病由国外传入或由国内传出，保护人体健康。对出入境人员、交通工具、运输设备，以及可能传播检疫传染病的行李、货物、邮包和进口食品等，实施检疫查验、传染病监测、卫生监督、卫生处理和卫生检验，并为出入境人员办理预防接种、健康体检的签发证件，提供国际旅行健康咨询、预防接种等。

1. 卫生检疫查验管理

出入境交通工具和人员必须在最先到达或最后离开的国境口岸指定的地点接受检疫。

2. 传染病监测管理

对来华定居或居留一年以上的外国人要求提供健康证明，对中国公民出境须提供健康证明和国际预防接种证书。

3. 卫生监督和卫生处理

对出入境集装箱检疫管理，以及进口废旧物品的卫生处理。

4. 进口食品卫生监督检验

对已到达口岸的进口食品，按照我国卫生标准和卫生要求检查。若不符合标准，根据其检验结果的危害程度，实行退货、销毁、改作他用或加工处理。

（二）动植物检疫

动植物检疫部门是代表国家依法在开放口岸执行进出境动植物检疫、检验、监管的检验机关。根据《中华人民共和国进出境动植物检疫法》的规定，动植物检疫部门负责检疫进出中华人民共和国国境的动植物及其产品和其他检疫物、装载动植物产品和其他检疫物的装载容器及包装物，以及来自动植物疫区的运输工具。

1. 进境检疫管理

对进境检疫的审批及进境检疫物运输工具和其他检疫物有明确规定。

进口货物到达口岸前或抵达口岸时，须在入境口岸动植物检疫局办理报检手续。

2. 出境检疫管理

货主或代理人在动植物及其产品和其他检疫物出境前，须在口岸动植物检疫局办理报检手续，经检验合格方可出境。

3. 携带、邮寄动植物检疫管理

入境旅客及驾驶交通工具人员携带或托运的动植物及其产品和其他检疫物，应按《中华人民共和国进出境动植物检疫法》的规定，在入境时须申报接受口岸动植物检疫机关检验。邮寄进境植物种子、繁殖材料、生物物品等邮件，应事先办理进境检疫审批手续，检疫合格后交邮局递送，未经检疫的邮局不予递送。

4. 运输工具检疫管理

《中华人民共和国进出境动植物检疫法》规定，来自疫区的船舶、飞机、火车到达口岸时，由口岸动植物检疫机关实施检疫。装载出境的动植物及产品和其他检疫物的运输工具，应符合防疫规定。

（三）进出口商品检验

进出口商品检验部门是专门从事进出口商品检验、监督管理和鉴定业务的综合性涉外检验监督机关。它以加强进出口商品检验工作、保证进出口商品质量、维护对外贸易有关各方面合法权益、促进对外经济贸易关系的顺利发展为宗旨，依照《中华人民共和国进出口商品检验法》及其实施条例以及有关规定，对进出口商品的质量、规格、包装、安全、卫生、数量、残损，以及装运技术和装运条件等进行检验、鉴定和管理。

中国商检以国际贸易有关方面签订的契约为工作依据，出具的检验、鉴定证书是国际贸易中具有法律效力的证件，是办理进出口商品对外交接、结算、计费、通关、计税、索赔、仲裁的有效凭证。

（四）出入境检验检疫须知

（1）所有入境旅客均应认真阅读并如实填写入境检疫申明卡（白色），如有症状或携有禁止入境物及检疫物时应主动申报。

（2）所有出境旅客必须通过检验检疫通道进行体温检测，经检验检疫人员同意后，方可进入值机厅办理有关手续。

（3）在没有疫情的情况下，实行出境旅客有症状的主动申报制度。当国内发生传染病疫情时，按照国家质检总局要求，出境旅客填报出境健康检疫申明卡（黄色）。

（4）了解所往国家的传染病流行情况，有任何疑问可向现场检验检疫人员咨询，或阅读现场"世界传染病疫区名录"。

（5）随身携带应急物品，最好携带口罩、消毒剂及保健用品，以备应急之用。

（6）禁止携带下列物品入境：人血及其制品；水果、辣椒、茄子、西红柿；动物尸体及标本；土壤；动植物病原体、害虫及其他有害生物；活动物（伴侣犬、猫除外）及动物精液、受精卵、胚胎等遗传物质；蛋、皮张、鬃毛类、蹄骨角类、油脂类、动物肉类（含脏器类）及其制品，鲜奶、奶酪、黄油、奶油、乳清粉、蚕蛹、蚕卵、动物血液及其制品，水生动物产品；转基因生物材料；废旧服装。

思考题：

1. 安检人员应掌握哪些涉外礼仪知识？
2. 机场联检单位包括哪几个部门？
3. 禁止进出境的物品有哪些？
4. 简述机场海关部门的工作任务。

第六章 航空运输知识概述

第一节 航空器的概念及飞机的结构

一、航空器的概念

航空器是指依靠空气的反作用力（这里所说的空气的反作用力不包括空气对地面或水面的反作用力），在大气层中获得支撑的任何机器。航空器按照排开空气的重量可分为轻于空气的航空器（如气球、飞艇）和重于空气的航空器（如飞机、滑翔机、直升机、扑翼机）；按照用途可分为民用航空器和国家航空器。目前，民用航空器主要有民用飞机和直升机，根据其飞行目的可分为用于通用航空运输的和用于商业航空运输的两大类。

（一）通用航空运输

通用航空运输是指使用民用航空器从事公共航空运输以外的民用航空活动，包括从事工业、农业、林业、渔业和建筑业的作业飞行，以及医疗卫生、抢险救灾、气象探测、海洋监测、科学实验、教育训练、文化体育等方面的飞行活动。

（二）商业航空运输

商业航空运输也称航空运输，是指使用航空器进行经营性的客货运输的航空活动。它的经营性表明这是一种商业活动，以盈利为目的。它又是一种运输活动，是交通运输的一个组成部分，与铁路、公路、水路和管道运输共同组成了国家的交通运输系统。商业航空运输主要是指在国内和国际航线上，为旅客、货（邮）提供运输服务的航空活动，也是民用航空的主体。

二、飞机的结构

飞机主要由机身、空气动力部件、发动机和起落架四大部分组成。飞机除了上述四个主要部分之外，还装有各种仪表、通信设备、领航设备、安全设备和其他设备等。

第二节　航线、航班与班期时刻表的知识

一、航线

飞机要飞行的路线称为空中交通线，简称航线。飞机的航线不仅确定了飞机飞行的具体方向、起讫点和经停点，而且还根据空中交通管制的需要，规定了航线的宽度和飞行高度，以维护空中交通秩序，保证飞行安全。航线按起讫点的归属不同分为国际航线、国内航线和地区航线三大类。

（一）国际航线

飞机飞行路线连接两个或两个以上国家的航线叫做国际航线。这就是说，一个航班，如果它的始发站、经停站、终点站有一个在外国领土上，就叫做国际航线。

（二）国内航线

飞机飞行路线的起讫点、经停点均在本国国境以内的称为国内航线。国内航线又可分为干线航线、支线航线和点对点航线。

1. 干线航线

干线航线是指连接首都北京和各省省会、直辖市或自治区首府的航线，连接两个或两个以上省会、直辖市、自治区首府，以及各省、直辖

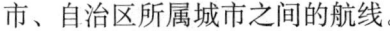

市、自治区所属城市之间的航线。

2. 支线航线

支线航线是指一个省或自治区之内各城市之间的航线。

3. 点对点航线

点对点航线是指确定一个起飞点，然后在中途不许停留，直达指定的降落点，即中途不改变航线、不降落。

(三) 地区航线

只在一国之内，各地区与有特殊地位地区之间的航线，如我国内地与港、澳、台地区的航线。

二、航班和航班号

(一) 航班的定义

航班是指飞机由始发站按规定的航线、日期、时刻起飞，经过经停站至终点站，或不经经停站直达终点站的经营性运输飞行。在国际航线上飞行的航班称为国际航班，在国内航线上飞行的航班称为国内航班。

(二) 航班号

为便于组织运输生产，每个航班都按一定的规律编有不同的号码以便于区别和管理，这种号码就称为航班号。而对于每一名安检人员来说，都应该掌握航空公司的航班号的意义。

1. 国际航班号的编排

国际航班号由执行该航班任务的航空公司的二字英文字母代码和三个阿拉伯数字组成。第一位数字表示执行该航班任务的航空公司的数字代码，后两位是航班序号，奇数表示去程航班，偶数表示回程航班。例如，CA991是中国国际航空股份有限公司承运的由北京飞往温哥华的国际航班，CA992则是中国国际航空股份有限公司承运的由温哥华飞回北京的国际航班。

2. 国内航班号的编排

国内航班号由执行该航班任务的航空公司的二字英文字母代码和四个阿拉伯数字组成。航空公司代码由民航局规定和公布。后面的四位数字第一位代表航空公司的基地所在地区，第二位表示航班在基地外的终点所在地区（1为华北，2为西北，3为华南，4为西南，5为华东，6为东北，8为厦门，9为新疆），后两位表示这次航班的班次，奇数表示由基地出发向外飞的去程航班，偶数表示飞回基地的回程航班。例如，CA1202是西安飞往北京的航班，CA是中国国际航空股份有限公司的代码，第一位数字1表示华北地区（国航的基地在北京，属华北地区），第二位数字2表示航班在基地外的终点西安所在的西北地区，02为航班序号，偶数表示这是回程航班。再如，MU5305是由上海飞往广州的航班，MU是中国东方航空股份有限公司的代码，5代表上海所在的华东地区，3代表广州所在的华南地区，05为航班序号，奇数表示这是去程航班。

根据航班号可以很快地了解到航班的执行公司、飞往地点及方向，这对于航空公司管理和旅客出行等都非常方便。

三、班期时刻表

班期时刻表是航空运输企业组织日常运输生产的依据。各航空公司的有关业务部门每年制定两次航班计划，并将航线、航班、班期和时刻等按一定顺序汇编成册，称为班期时刻表。

班期时刻表的内容有始发站、航班号、班期、离站时间、到达时间、机型、备注（途经航站）等。

第三节　国际主要航空公司概况

一、达美航空公司

达美航空公司（Delta Air Lines）成立于1928年。2008年，达美航空公司与西北航空公司合并，组建成全世界最大的航空公司——达美航空公司，并将公司总部设在亚特兰大和明尼苏达。公司主要运营国内和国际航班，航线网络遍布北美、南美、欧洲、亚洲、非洲和中东、加勒比地区等64个国家的375个目的地（不包括代码共享），在五大洲的52个国家拥有308个航点。

2000年6月22日，达美航空公司与法国航空公司、墨西哥国际航空公司和韩国大韩航空公司共同成立"天合联盟"。

公司代码为DL。

二、英国航空公司

英国航空公司（British Airways）又称不列颠航空，简称英航。公司总部设在英国伦敦希思罗机场，以伦敦希思罗机场作为枢纽基地。

英国航空公司的历史可追溯到1924年成立的帝国航空，是英国历史最悠久的航空公司。英国航空公司是世界上历史悠久的国际客运航空公司之一，也是全球七大货运航空公司之一。

1999年，英国航空公司与美国航空公司、原加拿大航空公司、国泰航空公司及澳洲航空公司组成"寰宇一家"航空联盟。

英国航空公司的飞机机尾标识是由英国国旗构成，英国人曾以此为自豪。但在1997年年底，英国航空公司陆续更换了部分飞机机身标识，而飞机机尾标识也由英国国旗改成了世界各国的民族图案，每架飞机机尾标识图案都不相同（视航线目的地而定）。

公司代码为BA。

三、德国汉莎航空股份公司

德国汉莎航空股份公司（Lufthansa）通常简称为汉莎航空。汉莎航空客运和货运服务的经营中心位于法兰克福。汉莎航空是德国最大的航空公司，也是德国的国家航空公司。德国汉莎航空股份公司的母公司是德国汉莎航空集团。瑞士国际航空公司亦隶属于德国汉莎航空集团。

德国汉莎航空集团于1926年在德国柏林正式成立。今天，德国汉莎航空集团已发展成为居世界航空业领先地位的航空集团。汉莎航空是"星空联盟"的创始成员之一。1997年，由德国汉莎航空与美国联合航空、原加拿大航空、北欧航空和泰国国际航空等5家航空公司宣布成立了"星空联盟"。如今，"星空联盟"已成为全球最大的航空联盟，拥有14家成员航空公司，每天提供11000个航班飞往124个国家的729个航空目的港。

公司代码为LH。

四、法国航空公司

法国航空公司（Air France）简称法航，总部位于法国巴黎夏尔·戴高乐国际机场，成立于 1933 年 10 月 7 日。2004 年 5 月，法国航空公司收购荷兰皇家航空公司，组建法国航空—荷兰皇家航空集团（Air France-KLM Group）。法国航空—荷兰皇家航空集团总部设在法国巴黎夏尔·戴高乐国际机场。目前，法国航空—荷兰皇家航空集团在欧洲排名第二，是世界上十大航空公司之一。法国航空公司是"天合联盟"的创始成员之一。

公司代码为 AF。

五、全日空航空公司

全日空航空公司（All Nippon Airways）的全称为全日本空输株式会社，简称全日空或 ANA，成立于 1952 年 12 月 27 日。全日空航空公司成立初期，只是以直升机为主营业务的公司，故名称为"日本直升机公司"。在成立两个月后，也就是 1953 年 2 月公司正式开始经营直升机业务，而客运和货运服务是在 1953 年 12 月 15 日才开始涉足的。之后，公司开辟了大阪至东京的新货运航线，为公司的快速发展提供了基础条件。

公司代码为 NH（取自全日空前身日本直升机公司，Nippon Helicopter）。

六、荷兰皇家航空公司

2004 年 5 月，荷兰皇家航空公司（KLM Royal Dutch Airlines）与法国航空公司合并，组成当时欧洲最大的航空集团——法国航空—荷兰皇家航空集团。荷兰皇家航空公司创立于 1919 年 10 月 7 日。至今，该公司一直沿用同一名称 KLM Royal Dutch Airlines，是世界上历史最悠久的航空公司。

荷兰皇家航空公司总部位于荷兰的阿姆斯特丹。在国际航运公司协会的成员中，荷兰皇家航空公司的国际货运量和飞行里程均名列前茅。

公司代码为 KL。

第四节　国内主要航空公司概况

一、中国国际航空股份有限公司

中国国际航空股份有限公司的前身是中国国际航空公司，成立于 1988 年。根据国务院批准通过的《民航体制改革方案》，2002 年 10 月，中国国际航空公司联合中国航空总公司和中国西南航空公司成立了中国航空集团公司，并以联合三方的航空运输资源为基础，组建新的中国国际航空公司。2004 年 9 月 30 日，经国务院国有资产监督管理委员会批准，作为中国航空集团控股的航空运输主业公司，中国国际航空股份有限公司（简称国航）在北京正式成立。

国航的企业标志由一只艺术化的凤凰和中国改革开放的总设计师邓小平同志书写的"中国国际航空公司"以及英文"AIR CHINA"构成。公司航徽为红色凤凰，同时又是英文"VIP"（尊贵客人）的艺术变形，颜色为中国传统的大红，有吉祥、圆满、祥和、幸福的寓意，寄寓着国航人服务社会的真挚情怀和对安全事业的永恒追求。服务理念是"放心、顺心、舒心、动心"。

公司代码为 CA。

二、中国东方航空股份有限公司

中国东方航空股份有限公司是一家总部设在中国上海的国有控股航空公司，于 2002 年在原中国东方航空集团公司的基础上，兼并中国西北航空公司，联合云南航空公司重组而成。中国东方航空股份有限公司是中国民航第一家在香港、纽约和上海三地上市的航空公司，是我国三大骨干航空运输集团之一。

公司代码为 MU。

三、中国南方航空股份有限公司

中国南方航空股份有限公司是以中国南方航空集团公司为基础,联合中国北方航空公司和新疆航空公司重组而成的航空运输主要公司,是由中国南方航空集团公司发起设立并控股的航空公司。公司总部设在广州。中国南方航空股份有限公司与中国国际航空股份有限公司和中国东方航空股份有限公司合称中国三大航空集团。

中国南方航空的班机以天蓝色垂直尾翼饰抽象化的红色木棉花为公司标识图案。木棉花从1982年开始一直是广州市的市花,代表热情好客。公司代码为CZ。

四、四川航空股份有限公司

四川航空公司成立于1986年9月19日,1988年7月14日正式开航营运。以四川航空公司为主,联合中国南方航空股份有限公司、上海航空股份有限公司、山东航空股份有限公司、成都银杏餐饮有限公司共同发起设立的四川航空股份有限公司(简称川航)于2002年8月29日成立。

川航的航徽是一只在江面上奋力翱翔的江鸥,既寓意着公司的起源与愿景,又隐含着公司不平凡的历程,把川航的历史、现在和未来十分形象地比喻划分为"起飞、展翅、奋飞、腾飞、竞飞、翱翔"六个阶段。

公司代码为 3U。

五、海南航空股份有限公司

海南航空股份有限公司简称"海南航空""海航",是一家总部设在海南省海口市的中国第一家 A 股和 B 股同时上市的航空公司,是继我国三大骨干航空公司之后的第四大航空公司。其前身为 1989 年登记注册成立的海南省航空公司。海南省航空公司于 1993 年 1 月经规范化股份制改组,成为国内首家股份制航空公司。1998 年 8 月,中国民用航空总局正式批准海航入股海口美兰机场,海航成为首家拥有中国机场股权的航空公司。2011 年 1 月,海航荣膺 SKYTRAX 五星航空公司,标志着海航正式跻身全球七家五星航空公司之列。

海航新的企业标志为顶端是日月宝珠,环形构图从东方文化传说中的大鹏金翅鸟幻化而成,图形底部是浪花的写意表达。企业标志的色调,选定庄严的红色和暖色调的黄色。红色是生命之色,是朝阳之色,是蓬勃生机之色,是永恒之色;黄色是中华大地本色,是中华远祖黄帝本色,是生生不息的本源之色。

公司代码为 HU。

六、山东航空股份有限公司

山东航空股份有限公司(简称山航)成立于 1999 年 12 月 13 日,其前身是成立于 1994 年的山东航空有限责任公司。总部设在济南。

山航的企业标志是由三个"S"形曲线代表擅长飞翔、纪律严明的飞燕，同时也是团结一致的象征。飞燕的三个"S"形翅膀，看上去像"山"字，三个"S"分别代表"山东""成功""安全"。

公司代码为 SC。

七、上海航空股份有限公司

上海航空公司成立于1985年12月，是中国境内第一家多元化投资的商业性质的有限责任航空企业。2000年11月，由上海航空有限公司整体变更设立上海航空股份有限公司（简称上航）。2009年6月8日，东航和上航联合重组工作正式启动。2010年1月28日，上航成为新东航的成员企业。

上航企业标志的主体呈变形简化的白鹤，象征吉祥、如意、展翅飞翔。标志内涵为安全平稳、稳健有力、蓬勃向上、欣欣向荣、百折不挠、一往无前。

公司代码为 FM。

八、深圳航空有限责任公司

深圳航空有限责任公司成立于1992年11月，1993年9月17日正式开航。原名深圳航空公司，2001年1月更名为深圳航空有限责任公司（简称深圳航空）。基地位于广东深圳。

"民族之鹏"是深圳航空的新标志，是中国传统文化和现代文化集合的图腾。标志造型气势磅礴、沉着矫健，呈高瞻远瞩、胸怀万物、根基稳固之三态：一为睿智定乾坤，二是同心创辉煌，三生万物盛千里，即代表深圳航空"沉稳，诚信，进取"的理念。

公司代码为 ZH。

九、厦门航空有限公司

厦门航空有限公司（简称厦航）是 1984 年 7 月 25 日成立，是中国内地第一家合资经营的按企业化运行的航空公司，自主经营的法人实体，实行董事会领导下的总经理负责制。

厦航的企业标志是"蓝天白鹭"，昂首矫健的白鹭在蓝天展翅高飞的图案，象征吉祥、幸福永伴宾客，展示了厦航团结拼搏、开拓奋飞的精神。

公司代码为 MF。

十、成都航空有限公司

成都航空有限公司的前身是鹰联航空有限公司，是中国第一家获得国家民航总局批准成立的民营航空运输企业。2010 年 1 月 22 日，中国商用飞机有限责任公司、四川航空集团公司、成都交通投资集团有限公司重组鹰联航空，并更名为成都航空有限公司（简称成都航空）。总部设在四川成都，主营运地在成都双流国际机场。

成都航空的企业标志由代表成都市的太阳神鸟构成，标志以环形为基本造型，不仅寓意合作的圆满、事业的圆满，而且体现了整个合作团队的紧密协作关系。

公司代码为 EU。

十一、中国货运航空有限公司

中国货运航空有限公司成立于 1998 年 7 月 30 日，是中国民航总局批准成立的首家专营航空货邮的专业货运航空公司。由中国东方航空股份有限公司和中国远洋运输（集团）总公司共同投资组建而成。

2010 年 12 月 20 日，东航旗下中国货运航空有限公司、上海国际货运航空有限公司、长城航空有限公司三家货运航空公司的四方股东东航股份、中远集团、长荣航空和新加坡货航正式签署成立新中货航增资协议，这标志着三家货运航空公司的重组取得实质性进展。公司目前经营着美国、欧洲、日本等多条国际货运航线，在国际航空货运市场中占有重要的地位。

第五节　民航客、货运输基础知识

航空运输是指航空承运人按照运输合同要求，使用航空器将旅客或货物由一地运抵另一地的过程。航空运输具有快速、机动的特点。根据运输对象的不同，航空运输一般可分为客运和货运两大类。

一、旅客运输基础知识

（一）乘机手续的办理

旅客应当在承运人规定的时限内到达机场，凭客票及本人有效身份证件按时办理乘机和行李交运、换取登机牌等相关的乘机手续。

（二）旅客行李运输基础知识

1. 旅客行李和分类

旅客行李指旅客在旅行中携带的物品和其他个人财产。

承运人承运的行李,按照运输责任分为托运行李、自理行李和随身携带物品。

(1) 托运行李:是指由旅客交承运人负责照管和运输并开具行李票的行李。

(2) 自理行李:是指经承运人同意,允许旅客带入客舱并自行照管的行李。

(3) 随身携带物品:是指经航空公司同意,由旅客自行携带乘机的零星小件物品。

2. 国内行李运输的一般规定

(1) 托运行李的相关规定:

托运行李的重量每件不能超过 50 kg,体积不能超过 40 cm×60 cm×100 cm。超过上述规定的行李,须事先征得承运人的同意才能托运。自理行李的重量不能超过 10 kg,体积每件不能超过 20 cm×40 cm×55 cm。随身携带物品的重量,每位旅客以 5 kg 为限。持头等舱客票的旅客,每人可随身携带两件物品。每件随身携带物品的体积均不得超过 20 cm×40 cm×55 cm。超过上述重量、件数或体积限制的随身携带物品,应作为托运行李托运。

(2) 免费行李额定重量的相关规定:

每位旅客的免费行李额定重量(包括托运和自理行李):持成人或儿童票的头等舱旅客为 40 kg,公务舱旅客为 30 kg,经济舱旅客为 20 kg。持婴儿票的旅客无免费行李额定重量。

(三) 特殊旅客运输

航空公司应优先为重要旅客办理乘机、行李交运、联运等手续;机场应事先准备好贵宾休息室,并派专人协助办理乘机手续和提取行李。在国务委员、副总理以上重要旅客乘坐的航班上,严禁押送犯人、精神病患者乘坐,严禁在该航班上装载危险品。

无成人陪伴儿童、病残旅客、孕妇、盲人、聋人或犯人等特殊旅客,只有在符合承运人规定的条件下,经承运人预先同意并在必要时做出安排后,才能载运。

传染病患者、精神病患者或健康情况可能危及自身或影响其他旅客安全的旅客，承运人不予承运。

（四）不正常情况的旅客运输

由于机务维护、航班调配、商务、机组等原因，造成航班在始发地延误或取消，应按规定向旅客提供餐食或住宿等服务。

由于天气、突发事件、空中交通管制、安检以及旅客等非航空公司原因，造成航班在始发地延误或取消，应协助旅客安排餐食或住宿，费用由旅客自理。

航班在经停地延误或取消，无论何种原因，均应负责向乘坐该航班的从起飞地到达经停地但未到达目的地的旅客提供膳宿服务。

航班延误或取消时，应根据旅客的要求，按规定认真做好后续航班安排或退票工作。

二、货物运输基础知识

（一）航空货运

航空货运按形式大致可以分为普通货物运输、急件运输、航空快递、特种货物运输、包机运输。

1. 普通货物运输

这是指托运人没有特殊要求，承运人和民航当局对货物没有特殊规定的货物的运输。这类货物按一般运输程序处理，运价为货物运输的基本价格。

2. 急件运输

这是指必须在 24 小时之内发出，收货人急于得到的货物的运输。急件货物运费率是普通货物运费率的 1.5 倍，航空公司要优先安排舱位运输急件货物。

3. 航空快递

这是指由承运人组织专门人员，负责以最早的航班和最快的方式把快递件送交收货人的货运方式。航空快递的承运人可以是航空公司、航空货运代理公司或专门的快递公司。航空快递安全、快速、准确，目前已经成为航空货运中的一个重要部分，运输的货物以文件、样品、小件包裹为主，其费用相对昂贵。

4. 特种货物运输

这是指用空运的方式运输一些在运输上有特殊要求的货物。

5. 包机运输

这是指包机人和承运人签订包机合同，飞机的最大载重量吨位由包机人充分利用。包机吨位包括机上座位和货运吨位，包机的最大载重量和运输货物要符合飞行安全的条件和民航总局的有关规定，包机的计费按里程计算。如果飞机由其他机场调来，回程时没有其他任务时还要收取调机费。调机计费按里程收取，里程包括调机里程和回程。

（二）限制运输的货物

下列物品只有在符合航空公司运输条件下，方可接受运输：

（1）精密仪器、电器等类物品。

（2）体育运动器械，包括体育运动用枪支和弹药。

（3）机要文件、外交信袋。

（4）小动物、导盲犬、助听犬。

（5）旅客旅行途中使用的折叠轮椅或电动轮椅。

（6）管制刀具以外的利器、钝器。

（7）干冰、含有酒精的饮料，以及旅客旅行途中所需的烟具、药品、化妆品等。

思考题：

1. 航空器主要由哪几个部分组成？
2. 什么是航线？航线被分为哪几种？
3. 简述旅客运输基础。

第七章 机场运行保安的相关知识

第一节 机场的分类及构成

一、机场的定义

在陆地上或水面上的规定区域（包括建筑物、设施和设备在内），其全部或部分供航空器着落、起飞及地面或水面活动之用。

二、机场的分类

机场一般分为军用和民用（包含军民合用机场的民用部分）两大类。用于商业性航空运输的机场也称航空港（Airport）。我国把大型民用机场称为航空港，小型机场称为航空站。按机场规模和旅客流量可将机场分为枢纽国际机场、区域干线机场和支线机场三种类型。

（一）枢纽国际机场

枢纽国际机场是指在国家航空运输中占据核心地位的机场。这种机场无论是旅客的接送人数还是货物吞吐量，在整个国家航空运输中都占有举足轻重的地位；其所在城市在国家经济社会中居于特别重要地位，是国家政治或经济的中心，或者区域经济的中心。例如，北京首都国际机场、广州白云国际机场、成都双流国际机场等。

（二）区域干线机场

区域干线机场是指其所在城市是省会（自治区首府、直辖市）、重要开放城市、旅游城市，或者其他经济较为发达、人口密集的城市，无论是旅客的接送人数，还是货物吞吐量，都相对较大的机场。例如，南宁吴圩国际机场、南昌昌北国际机场等。

（三）支线机场

支线机场是指除上面两种类型以外的民航运输机场。虽然它们的运输量不大，但对沟通全国航路或对某个地区的经济发展则起着重要的作用。例如，泉州晋江机场、浙江义乌机场等。

三、机场的构成

机场是供飞机起飞、着陆、停驻、维护、补充燃料以及组织飞行保障活动所用的场所。机场主要由飞行区、航站区以及进出机场的地面交通系统构成。

（一）飞行区

通常，飞行区是指机场内用于飞机起飞、着陆和滑行的区域，还包括用于飞机起降的空域。飞行区由跑道系统、滑行道系统和机场净空区构成。相应设施有目视助航设施、通信导航设施、空中交通管制设施以及航空气象设施。

（二）航站区

通常，航站区是指飞行区与机场其他部分的交接部，包括旅客航站楼、站坪（停机坪）、车道边、站前停车设施（停车场或停车楼）等。

（三）进出机场的地面交通系统

通常，进出机场的地面交通系统是指公路、铁路、地铁（或轻轨）和水运码头等。其功能是把机场和附近城市连接起来，将旅客、货物、邮件及时运进或运出航站区。进出机场的地面交通系统的状况直接影响空运业务。

机场的其他设施还包括供油设施、应急救援设施、动力与电信系统、环保设施、旅客服务设施、保安设施、货运区以及航空公司区等。

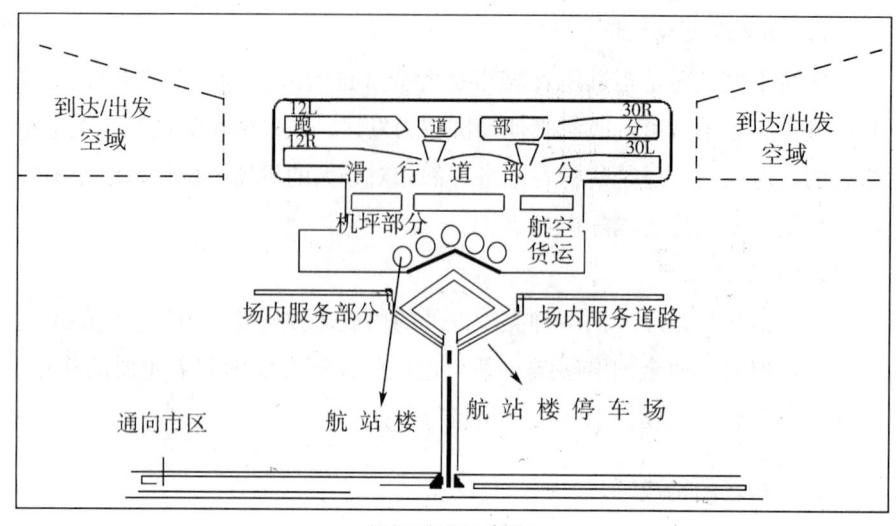

机场平面示意图

第二节 机场控制区范围的划分

一、机场控制区的定义

机场控制区是根据安全保卫的需要,在机场内设定的进出受限制的区域。机场控制区应当有严密的安全保卫措施,实行封闭式分区管理。从航空器维修区、货物存放区通向其他控制区的道口,应当采取相应的保安控制措施。

二、机场控制区的划分

机场控制区根据安全保卫需要,划分为候机隔离区、行李分检装卸区、航空器活动区和维修区、货物存放区等区域,并分别设置安全防护设施和明显标志。另外,机场还应当设置受到非法干扰威胁的航空器隔离停放区。

候机隔离区是指根据安全需要在候机楼(厅)内划定的供已经过安全

检查的出港旅客等待登机的区域，以及登机的通道和摆渡车。

航空器活动区是指机场内用于航空器起飞、着陆以及与此有关的地面活动区域，包括跑道、滑行道、联络道、客机坪。

第三节 机场控制区的通行管制

一、机场控制区通行管制的任务与目的

机场控制区通行管制的任务与目的是，对进入机场控制区的所有人员、物品及车辆进行安全技术检查，防止未经许可的人员、物品及其车辆进入。

二、机场控制区通行管制的内容

（1）乘机旅客及其行李物品应通过安全技术检查后，方能进入候机隔离区候机和登机。

（2）工作人员及其物品进入机场控制区，应当佩戴机场控制区通行证件，并经过核对及安全技术检查后，方能进入指定的控制区域。

（3）车辆进入机场控制区，应当停车接受道口安检人员的安全技术检查，包括对驾驶员和搭乘人员、控制区通行证件和车辆通行证件以及车辆所载物品。机场控制区车辆通行证件应当置于车辆明显位置。

（4）对进入机场控制区的工具、物料和器材应当实施保安控制措施。道口和安检通道的安检人员应当对工作人员进出机场控制区所携带的工具、物料和器材进行检查和核对并做登记。工具、物料和器材的使用单位应当明确专人负责此类物品在机场控制区内的监管。

（5）运送航空配餐和机上供应品的车辆进入机场控制区应当全程签封，道口的安检人员应当查验签封是否完整。检查无误后，该车辆方能进入机场控制区域。

第四节 民用航空器监护工作知识

一、民用航空器监护的含义、职责和范围

(一) 民用航空器监护的含义

民用航空器监护的含义是,安检部门对执行飞行任务的民用航空器在客机坪短暂停留期间进行监护。

(二) 民用航空器监护的职责

(1) 执行航班飞行任务的民用航空器在客机坪短暂停留期间,由安检部门负责监护。

(2) 民用航空器监护人员应当根据航班动态,按时进入监护岗位,做好民用航空器监护的准备工作。

(3) 民用航空器监护人员应当坚守岗位,严格检查登机工作人员的通行证件,密切注视周围动态,防止无关人员和车辆进入监护区。

(4) 空勤人员登机时,民用航空器监护人员应当查验其中国民航空勤登机证。加入机组执行任务的非空勤人员,应当持有中国民航公务乘机通行证和本人工作证(或学员证)。对上述人员携带的物品,应当查验是否经过安全技术检查;未经过安全技术检查的,不得带上民用航空器。

(5) 旅客登机时,监护人员站在登机门或登机通道旁,维持登机旅客的秩序;防止旅客在登机行进期间与外界人员接触或传递有碍航空安全的危险品;检查旅客登机牌是否加盖验讫章,防止送行、无证等人员随旅客行列进入客机坪、接近或登上飞机。

(6) 在出港、过港民用航空器关闭舱门准备滑行时,监护人员应当退至安全线以外,记载飞机号和起飞时间后,方可撤离现场。

(7) 民用航空器监护人员接受和移交航空器监护任务时,应当与机务人员办理交接手续,填写记录表,双方签字。

(三) 民用航空器监护的范围

(1) 以民用航空器为中心，周围 30 米区域。

(2) 通过航空保安审计，且在道口设置安检设备实施检查的机场，经民航总局公安局批准，可实施区域守护。

(四) 民用航空器监护的时间规定

(1) 对出港航空器的监护，应从机务人员移交监护人员时开始，至旅客登机后航空器滑行时止；对过港航空器的监护，应从其到达客机坪时开始，至旅客登机后航空器滑行时止；对执行国际、地区及特殊管理的国内航线飞行任务的进港航空器的监护，应从其到达客机坪时开始，至旅客下机完毕、机务人员开始工作时止。

(2) 对当日首班出港航空器，监护人员应在起飞时间前 90 分钟与机务人员办理交接手续。

(3) 对执行航班任务延误超过 90 分钟的航空器由安检部门移交机务人员管理，在确定起飞时间前 60 分钟由机务人员移交安检部门实施监护。

二、民用航空器监护的程序方法、重点航班和重点部位

(一) 民用航空器监护的程序方法

1. 准备

(1) 了解当天航班动态，通过离港系统向外场、调度等单位及时了解变化情况，注意班次的增减、飞机的更改和起飞时间的变动。

(2) 派班员根据航班动态和本中队人员情况，对各个监护小组逐个安排勤务任务，明确指定航班和飞机。

(3) 监护小组人员领取对讲机和登记本等用品，整理好着装，做好上岗准备工作。

2. 实施

监护小组在当天首次出港飞机起飞前 90 分钟进入监护位置（进港航班从航空器到达客机坪时开始执行）。

(1) 到达监护位置后，对货舱和机舱等部位进行清查，确认无误后与机务人员办理交接手续，然后回到舷梯口或廊桥口开始监护。

(2) 旅客登机前，对机组人员和地面登机人员的证件和携带行李进行检查（航行包除外）。

（3）对进出港飞机货舱进行监装、监卸和监管。

（4）旅客登机时，站立舷梯口或廊桥口一侧，观察旅客登机情况，禁止无关人员（包括地面工作人员）上飞机。

（5）旅客登机完毕，舷梯撤离后，退出原监护位置至安全线以外。

（6）飞机起飞时，记载飞机号和起飞时间，监护人员撤离。

（7）结束飞行任务的飞机返回后，监护人员待旅客全部下机，并与机务人员办理交接手续后，方可撤离。

3. 结束

（1）当次航班监护任务完成后，监护人员应及时返回中队所在地，汇报监护情况，稍作休整，准备下一次的监护工作。

（2）当天航班结束后，监护中队值班领导及内勤应清点所有装备，记录当天工作情况（重点情况随时记载），方可下班。

（二）民用航空器监护的重点航班

（1）我国领导人、外国领导人或代表团及其他重要客人乘坐的班机。

（2）发现有重大可疑情况的飞机。

（3）上级通知重点监护的飞机。

（三）民用航空器监护的重点部位

舷梯口、廊桥口、货舱、起落架舱。

三、民用航空器清舱的程序和重点部位

（一）民用航空器清舱的程序

（1）清查前，由监护小组组长布置任务，明确分工。

（2）清查时，应先对飞机外部进行观察和检查。对客舱的清查，可以分别从机头、机尾同时进行，至中部会合；也可以按从机头到机尾或从机尾到机头的顺序进行。对内部各部位的清查可按先低后高的顺序进行。

（3）清查结束，进入监护位置，直至飞机起飞。

（二）民用航空器清舱的重点部位

（1）卫生间。

（2）乘务员操作间的每个储存柜、配餐间、垃圾箱。

(3) 旅客座位坐垫下和每个客舱的最后一排座椅背后。
(4) 行李架、货舱。
(5) 起落架舱。

四、民用航空器的保安搜查

在发生以下情况时，民航公安机关和安检部门可以对航空器进行保安搜查：

(1) 航空器停场期间被非法接触。
(2) 有合理理由怀疑该航空器在机场被放置了违禁品或爆炸装置。
(3) 其他需要进行保安搜查的情形。

第五节　候机隔离区的安全监控

一、候机隔离区安全监控的任务与目的

候机隔离区安全监控采取封闭式管理。安检部门应对候机隔离区内所有人员及物品实施安全管控，防止未经检查的人员与已经检查的人员相互混淆或接触，防止外界人员向内传递物品，防止藏匿不法分子和危险物品，以保证旅客、工作人员和整个候机隔离区内的绝对安全。

二、候机隔离区安全监控的程序

(1) 在经过安全检查的旅客进入候机隔离区以前，安检部门应当对候机隔离区进行清场。
(2) 清场完毕，按分工把守登机口、通道。
(3) 安检部门应当派出人员在候机隔离区内巡视，并对候机隔离区的重点部位进行实时监控。

三、候机隔离区出入口的管控

(1) 因工作需要进入控制区的人员,必须佩戴民航公安机关制发的机场控制区通行证件,并接受安全技术检查。

(2) 工作人员携带行李物品进入控制区必须经过安全技术检查,防止未经安全技术检查的行李物品进入候机隔离区。

(3) 在航站区的控制区内的商店不得出售可能危害航空安全的商品,商店运进的商品应当经过安全技术检查。

(4) 经过安全技术检查的旅客应当在候机厅隔离区内等待登机。如果因航班延误或其他特殊原因离开控制区,再次进入控制区时,应当重新接受安全技术检查。

(5) 安检人员对工作人员携带进入候机隔离区的工具、物料和器材实施安全技术检查并进行核对后,才能让其进入。工具、物料和器材的使用单位应当明确专人负责此类物品在机场控制区内的监管。

四、候机隔离区清场

(一) 候机隔离区清场的任务

查找候机隔离区内有无可疑物品和可疑人员,并确定可疑物品的性质和威胁程度,及时通知有关部门排除其危险性,保证安全。

(二) 候机隔离区清场的方法

1. 仪器清查

(1) 金属探测器清查。金属探测器主要是用来清查监护区域内有无隐藏武器等金属类违禁物品。

(2) 钟控定时装置探测器清查。钟控定时装置探测器主要是用来清查监护区内有无隐藏定时爆炸装置。

(3) 监控设备清查。通过遥控监护区内的监控探头,搜索可疑人员和可疑物品是否滞留在监护区内。

2. 人工清查

(1) 看,即对被清查的区域、对象进行观察。

(2) 听,即进入清查区域后,关上门窗,静听有无类似闹钟的"嘀嗒"声或其他异响。

（3）摸，即对通过外观看不清的固定物体、设施，用手摸，检查有无隐藏物品。

（4）探，即对既无法透视又不能用仪器检查的部位和物品，可用探针检查。

（5）开，即对清查区域内的箱柜和设施要打开或移开检查，如候机室内的各种柜台等要移开检查。

（三）候机隔离区清场的重点部位

卫生间、电话间、吸烟区、各种柜台、垃圾桶、窗台、窗帘、窗帘盒、座椅等。

五、候机隔离区安全监控的注意事项

（1）注意发现形迹可疑并频繁进出候机隔离区的人员。

（2）在旅客候机期间，应加强对控制区重点部位的监控。

（3）当天航班结束后，要对控制区的重点部位进行清场，注意发现有无遗留旅客和可疑人员及物品。

思考题：

1. 机场的定义是什么？
2. 简述机场控制区的划分。
3. 简述民用航空器清舱的程序。
4. 如何进行候机隔离区的清场工作？

第八章 劳动保护常识

第一节 《劳动法》的相关知识

《中华人民共和国劳动法》(简称《劳动法》)于1994年7月5日由第八届全国人民代表大会常务委员会第八次会议通过,自1995年1月1日起施行。《劳动法》共有13章,107条。

一、《劳动法》的立法目的和适用范围

第一条 为了保护劳动者的合法权益,调整劳动关系,建立和维护适应社会主义市场经济的劳动制度,促进经济发展和社会进步,根据宪法,制定本法。

第二条 在中华人民共和国境内的企业、个体经济组织(以下统称用人单位)和与之形成劳动关系的劳动者,适用本法。

国家机关、事业组织、社会团体和与之建立劳动合同关系的劳动者,依照本法执行。

二、劳动者的基本权利和义务

第三条 劳动者享有平等就业和选择职业的权利、取得劳动报酬的权利、休息休假的权利、获得劳动安全卫生保护的权利、接受职业技能培训的权利、享受社会保险和福利的权利、提请劳动争议处理的权利以及法律

规定的其他劳动权利。

劳动者应当完成劳动任务，提高职业技能，执行劳动安全卫生规程，遵守劳动纪律和职业道德。

第七条　劳动者有权依法参加和组织工会。

工会代表和维护劳动者的合法权益，依法独立自主地开展活动。

第八条　劳动者依照法律规定，通过职工大会、职工代表大会或者其他形式，参与民主管理或者就保护劳动者合法权益与用人单位进行平等协商。

三、国家对劳动者的鼓励和保护

第六条　国家提倡劳动者参加社会义务劳动，开展劳动竞赛和合理化建议活动，鼓励和保护劳动者进行科学研究、技术革新和发明创造，表彰和奖励劳动模范和先进工作者。

四、用人单位在劳动保护方面的职责

第五十二条　用人单位必须建立、健全劳动安全卫生制度，严格执行国家劳动安全卫生规程和标准，对劳动者进行劳动安全卫生教育，防止劳动过程中的事故，减少职业危害。

第五十四条　用人单位必须为劳动者提供符合国家规定的劳动安全卫生条件和必要的劳动防护用品，对从事有职业危害作业的劳动者应当定期进行健康检查。

五、劳动者在劳动保护方面的权利和义务

第五十六条　劳动者在劳动过程中必须严格遵守安全操作规程。

劳动者对用人单位管理人员违章指挥、强令冒险作业，有权拒绝执行；对危害生命安全和身体健康的行为，有权提出批评、检举和控告。

六、关于伤亡事故和职业病

第五十七条　国家建立伤亡事故和职业病统计报告和处理制度。县级以上各级人民政府劳动行政部门、有关部门和用人单位应当依法对劳动者在劳

动过程中发生的伤亡事故和劳动者的职业病状况，进行统计、报告和处理。

七、《劳动法》对女职工的特殊保护

第六十条　不得安排女职工在经期从事高处、低温、冷水作业和国家规定的第三级体力劳动强度的劳动。

第六十一条　不得安排女职工在怀孕期间从事国家规定的第三级体力劳动强度的劳动和孕期禁忌从事的劳动。对怀孕七个月以上的女职工，不得安排其延长工作时间和夜班劳动。

第六十二条　女职工生育享受不少于九十天的产假。

第六十三条　不得安排女职工在哺乳未满一周岁的婴儿期间从事国家规定的第三级体力劳动强度的劳动和哺乳期禁忌从事的其他劳动，不得安排其延长工作时间和夜班劳动。

八、违反《劳动法》的法律责任

第八十九条　用人单位制定的劳动规章制度违反法律、法规规定的，由劳动行政部门给予警告，责令改正；对劳动者造成损害的，应当承担赔偿责任。

第九十条　用人单位违反本法规定，延长劳动者工作时间的，由劳动行政部门给予警告，责令改正，并可以处以罚款。

第九十二条　用人单位的劳动安全设施和劳动卫生条件不符合国家规定或者未向劳动者提供必要的劳动防护用品和劳动保护设施的，由劳动行政部门或者有关部门责令改正，可以处以罚款；情节严重的，提请县级以上人民政府决定责令停产整顿；对事故隐患不采取措施，致使发生重大事故，造成劳动者生命和财产损失的，对责任人员依照刑法有关规定追究刑事责任。

第九十三条　用人单位强令劳动者违章冒险作业，发生重大伤亡事故，造成严重后果的，对责任人员依法追究刑事责任。

第九十五条　用人单位违反本法对女职工和未成年工的保护规定，侵害其合法权益的，由劳动行政部门责令改正，处以罚款；对女职工或者未成年工造成损害的，应当承担赔偿责任。

九、关于劳动者的职业培训

第六十八条　用人单位应当建立职业培训制度,按照国家规定提取和使用职业培训经费,根据本单位实际,有计划地对劳动者进行职业培训。

从事技术工种的劳动者,上岗前必须经过培训。

第六十九条　国家确定职业分类,对规定的职业制定职业技能标准,实行职业资格证书制度,由经过政府批准的考核鉴定机构负责对劳动者实施职业技能考核鉴定。

第二节　《中国民用航空安全检查规则》有关安检人员职业培训和劳动保护的规定

一、关于安检人员的职业培训

第十四条　民航安检机构应当使用符合以下条件的民航安全检查员从事民航安检工作:

(一)具备相应岗位民航安全检查员国家职业资格要求的理论和技能水平;

(二)通过民用航空背景调查;

(三)完成民航局民航安检培训管理规定要求的培训。

对不适合继续从事民航安检工作的人员,民航安检机构应当及时将其调离民航安检工作岗位。

第十五条　民航安检现场值班领导岗位管理人员应当具备民航安全检查员国家职业资格三级以上要求的理论和技能水平。

二、关于安检人员的劳动保护

第十八条　X射线安检仪操作检查员连续操机工作时间不得超过30

分钟,再次操作X射线安检仪间隔时间不得少于30分钟。

第十九条　民航安检机构设立单位应当根据国家和民航局、地方人民政府有关规定,为民航安全检查员提供相应的岗位补助、津贴和工种补助。

第二十条　民航安检机构设立单位或民航安检机构应当为安全检查员提供以下健康保护:

(一)每年不少于一次的体检并建立健康状况档案;

(二)除法定假期外,每年不少于两周的带薪休假;

(三)为怀孕期和哺乳期的女工合理安排工作。

思考题:

1. 简述《劳动法》的立法目的。
2. 在X射线区域工作的安检人员应得到哪些健康保护?
3. 简述《劳动法》关于女职工的特殊保护。

第九章 职业道德

第一节 职业道德的基本知识

一、职业道德的含义

职业道德是指人们在职业生活中应该遵循的基本道德,即一般社会道德在职业生活中的具体体现,是职业品德、职业纪律、专业胜任能力及职业责任等的总称。职业道德既是本行业人员在执业活动中正确处理职业内部、职业之间、职业与社会之间、人与人之间关系应当遵循的思想和行为的规范,又是行业对社会所负的道德责任和义务。

二、职业道德的特点

职业道德的特点主要表现在四个方面,即具有适用范围的特殊性、历史的继承性和发展的稳定性、表达形式的多样性以及严格的纪律性。

(一)职业道德具有适用范围的特殊性

职业道德是调整职业活动中各种关系的行为规范。每种职业都担负着一种特定的职业责任和职业义务。现代社会由于职业不同,其职业责任和义务也因行业而异,形成各自个性特征鲜明的职业道德的具体规范。职业的不同,造成了职业道德适用范围的千差万别。从民航系统看,安检的职业道德,主要是调节安检人员与旅客、货主之间的职业道德关系。

(二)职业道德具有历史的继承性和发展的稳定性

职业道德与职业生活紧密相连。由于职业具有不断发展和世代延续的特征,不仅其技术世代延续,而且其管理员工的方法和与服务对象打交道的方法也有一定的历史继承性,同时在长期的社会职业实践中也形成了稳定的职业心理。

(三)职业道德具有表达形式的多样性

职业道德的内容千差万别,各种职业从突出自身特点出发,要求都较为具体、细致,因此其表达形式也就多种多样。

(四)职业道德具有严格的纪律性

纪律也是一种行为规范,它是介于法律和道德之间的一种特殊的规范。它既要求人们能自觉遵守,又带有一定的强制性。就前者而言,它具有道德色彩;就后者而言,它又带有一定的法律色彩。这就是说,一方面,遵守纪律是一种美德;另一方面,遵守纪律又带有强制性,具有法令的要求。因此,职业道德有时又以制度、章程、条例的形式表达,让从业人员认识到职业道德又具有纪律的规范性。

三、职业道德的社会作用

职业道德是社会道德体系的重要组成部分,一方面它具有社会道德的一般作用,另一方面它又具有自身的特殊作用。具体表现在如下四个方面。

(一)调节从业人员内部以及从业人员与服务对象之间的关系

职业道德的基本职能是调节职能。一方面,职业道德可以调节从业人员内部的关系,即运用职业道德规范约束职业内部人员的行为,促进职业内部人员的团结与合作。例如,职业道德规范要求各行各业的从业人员都要团结、互助、爱岗、敬业,齐心协力地为本行业、本职业发展服务。另一方面,职业道德又可以调节从业人员与服务对象之间的关系。例如,职业道德规定了制造产品的工人要怎样对用户负责,营销人员要怎样对顾客负责,医生要怎样对患者负责,教师要怎样对学生负责,等等。

(二)有助于维护和提高本行业的信誉

一个行业、一个企业的信誉,也就是它们的形象、信用和声誉,是指企业及其产品与服务在社会公众中的信任程度。提高企业的信誉主要靠产品和服务的质量，而从业人员的职业道德水平高是产品和服务质量的有效保证。如果从业人员的职业道德水平不高，那么，就很难生产出优质的产品和提供优质的服务。

（三）促进本行业的发展

行业、企业的发展有赖于高的经济效益，而高的经济效益源于高的员工素质。员工素质主要包含知识、能力、责任心三个方面，其中责任心是最重要的。而职业道德水平高的从业人员，其责任心是极强的。因此，职业道德能促进本行业的发展。

（四）有助于提高全社会的道德水平

职业道德是社会道德的主要内容。一方面，职业道德涉及每个从业人员如何对待职业和如何对待工作，同时也是一个从业人员的生活态度和价值观念的表现，还是一个人的道德意识和道德行为发展的成熟阶段，具有较强的稳定性和连续性。另一方面，职业道德也是一个职业集体甚至一个行业全体人员的行为表现。如果每个行业、每个职业集体都具备优良的道德，那么，对整个社会道德水平的提高肯定会发挥重要作用。

第二节　安检人员职业道德规范

职业道德规范是职业道德的基本内涵，它是人们在长期的职业劳动中反复积累而逐步形成的，也是一定社会对人们在职业劳动中必须遵守的基本行为准则的概括和提炼。职业道德教育的根本任务是提高受教育者的职业道德素养，调整其职业行为，使受教育者能够养成崇高的敬业精神、严明的职业纪律和高尚的职业荣誉感。

一、安检人员职业道德规范的基本要求

安检人员职业道德规范是社会主义职业道德在民航安检职业活动中的具体体现，既是安检人员处理好职业活动中各种关系的行为准则，也是评

价安检人员职业行为好坏的标准。鉴于安检工作的特殊性，安检人员职业道德规范应首先从观念上解决好以下四个方面的问题。

（一）树立风险忧患意识

安全技术检查的根本职能是保证空防安全，严防劫（炸）机事件的发生，风险大，责任重。从1977年至1994年的17年间，我国共发生了35起劫（炸）机事件。国际上从20世纪60年代起，劫（炸）机事件逐年增多，最后急剧增加到一年内发生91起。这种恐怖破坏活动，危害极大，损失惨重，影响极坏，受到世界舆论的强烈谴责，众多国家相继采取严密的防范措施。但是，"树欲静而风不止"，随着国际国内社会形势的不断变幻，恐怖犯罪分子总想兴风作浪，时时在寻找机会，千方百计地变换手段企图劫机，空防安全的风险和威胁无时不在。每一位安检人员必须牢牢树立风险忧患意识，坚决克服松懈、麻痹等心理障碍，保持高度警惕的精神状态，将各种不安全的隐患及时消灭在萌芽状态。

（二）强化安全责任意识

任何职业都承担着一定的职业责任，职业道德把忠实履行职业责任作为一条主要的规范，从认识上、情感上、信念上，乃至习惯上养成忠于职守的自觉性，坚决谴责任何不负责任、玩忽职守的态度和行为，对无视职业责任造成严重损失的，将予以法律制裁。安检的每一个岗位，都与旅客生命财产安全紧密相连。空防安全无小事，失之毫厘，谬以千里，安全责任重如泰山。安检人员必须时刻保持清醒的头脑，正确分析安全形势，明确肩负的安全责任，做到人在岗位，心系安全，坚持空防安全的操作规程一点不松，执行空防安全的指令规定一字不变，履行空防安全的职责一寸不退，确保空防安全万无一失，让旅客放心。

（三）培养文明服务意识

文明服务，是社会主义精神文明和职业道德的重要内容，也是社会主义社会人与人之间平等团结、互助友爱的新型人际关系的体现。安检工作既有检查的严肃性，又有服务的文明性。安检人员长年累月地与祖国和世界各地旅客交往，一言一行都影响着中国民航形象，也影响着国家和民族的声誉。每个安检人员都要自觉摆正安全检查与文明执勤服务的关系，摆正个人形象与国家民族声誉的关系，纠正粗鲁、生硬等不文明的检查行为，做到执勤姿态美、执勤行为美、执勤语言美，规范文明执勤的管理，塑造安检队伍良好的文明形象。

（四）确立敬业奉献意识

安检职业的特点，要求安检人员必须把确保空防安全放在职业道德规范的首位，要求安检战线广大干部职工有强烈的事业心、高度的责任感和精湛的技术技能，具有严格的组织纪律观念和高效率、快节奏的工作作风，具有良好的思想修养和服务态度。从安检岗位所处的特殊环境看，安检人员要确立敬业奉献意识，必须正确对待三个考验：一是严峻的空防形势考验。安检队伍是在严峻的空防形势中产生和发展的，年复一年、日复一日地闯过一道道艰难险阻，消除了劫（炸）机的隐患。天下并不安宁，安检人员必须保持高度警惕，守好岗位。二是繁重的岗位考验。安检人员长年累月起五更睡半夜，连续作战，艰苦奋战在一线岗位。三是个人利益得失的考验。在繁重的安检岗位上，个人家庭生活、经济收入相应会受到不同程度的影响，紧张艰苦的工作环境也容易引起思想波动。为了民航全局的整体利益，为了空防安全的万无一失，每个安检人员都要在其位，尽其职，正确经受考验，视空防安全为自己的生命，树立"亏了我一个，造福民航人"的崇高境界，热爱安检岗位，乐于无私奉献，立足在安检岗位建功立业。

二、安检人员职业道德规范的基本内容

安检人员职业道德规范，是要在确保安全的前提下，以全心全意为人民服务和集体主义为道德原则，把"保证安全第一，改善服务工作，争取飞行正常"落实在安检人员的职业行为中，树立敬业、勤业、乐业的良好道德风尚。根据民航安检工作的行业特点，安检职业道德规范的基本内容是：爱岗敬业，忠于职守；钻研业务，提高技能；遵纪守法，严格检查；文明执勤，热情服务；团结友爱，协作配合。

（一）爱岗敬业，忠于职守

爱岗敬业，忠于职守，就是热爱本职工作，忠实地履行职业责任。这就要求安检人员对本职工作恪尽职守，诚实劳动，在任何时候、任何情况下都要坚守岗位。

爱岗敬业，忠于职守，是一种崇高的职业情感。所谓职业情感，就是

人们对所从事的职业的好恶、倾慕或鄙夷的情绪和态度。爱岗敬业，就是职业工作者以正确的态度对待各种职业劳动，努力培养自己对所从事的职业的荣誉感、幸福感。爱岗敬业，是为人民服务的基本要求。一个人一旦爱上了自己的职业，他的身心就会融入职业活动中，就能在平凡的岗位上做出不平凡的事迹。

爱岗敬业，忠于职守，是社会主义国家对每一个从业人员的起码要求。任何一种职业，都是社会主义建设和人民生活所不可缺少的，都是为人民服务和为社会作贡献的。无论做什么工作，也无论你是否满意这一职业，定岗以后，都必须尽职尽责地做好本职工作。因为任何一种职业都承担着一定的职业责任，只有每一个职业劳动者履行了职业责任，整个社会生活才能有条不紊地进行。因此，我们应当培养高度的职业责任感，以主人翁的态度对待自己的工作，从认识上、情感上、信念上、意志上，乃至习惯上养成"忠于职守"的自觉性。

爱岗敬业，忠于职守，是安检人员最基本的职业道德。它的基本要求是：一要忠实履行岗位职责，认真做好本职工作。每一位安检人员都要以忠诚于国家和人民为己任，认真履行自己的职业责任和义务。不论是查验证件或对旅客人身和行李物品进行检查，还是监护飞机，都要做到兢兢业业、忠于职守。二要以主人翁的态度对待本职工作，树立事业心和责任感。每一位安检人员都是民航的主人，是民航事业发展的创造者。安检工作是民航整体的一个重要组成部分，大家要自觉摆正个人与民航整体的关系，树立"民航发展我发展，民航兴旺我兴旺，民航安全我安全"的整体观念，热情为民航腾飞献计，主动为空防安全分忧，自觉为安检岗位操心，牢记全心全意为人民服务的宗旨，一言一行向人民负责，为祖国争光。三要树立以苦为乐的幸福感。每一位安检人员都要正确对待个人的物质利益和劳动报酬等问题，克服拜金主义、享乐主义和极端个人主义的倾向，乐于为安检做贡献。四要反对玩忽职守的渎职行为。一名安检人员在职业活动中是否尽职尽责，不仅直接关系到其自身的利益，而且关系到国家和人民生命财产的安全。玩忽职守、渎职失责的行为，不仅会影响民航运输的正常活动，还会使公共财产、国家和人民利益遭受损失，严重的将构成渎职罪、玩忽职守罪、重大责任事故罪，从而受到法律的制裁。

(二）钻研业务，提高技能

职业技能也可称为职业能力，是我们在职业活动中实现职业责任的能力手段。它包括实际操作能力、处理业务能力、技术能力以及有关的理论知识等。

钻研业务，提高技能，是安检职业道德规范的重要内容。掌握职业技能，是完成工作任务的基本手段，它与个人能力的大小和知识水平的高低有关，直接关系到安检工作质量和服务质量，还关系到人民群众的切身利益。安检工作是一项政策性、专业性和技术性都很强的工作。一方面，从安全技术检查的内容来看，有验证、操作仪器、设备维修等技术性工作；另一方面，从安全技术检查的对象来看，旅客携带的行李物品各种各样，有的是一般生活用品，有的则可能是武器、管制刀具、炸药、易燃易爆物品、传染类物品、腐蚀性物品，以及一些高科技产品，如精密仪器等。如何准确无误地从各色各样的物品中查出危险品和违禁品，仅靠责任心是不够的，还需要有较强的业务技能。因此，刻苦钻研业务知识，精通业务技能，这已成为每一位安检人员迫在眉睫的任务。

安检人员提高业务技能应下功夫抓好三个基本功的教育训练：一是系统的安检基础理论的学习。例如，安检政策法规理论、防爆排爆基础理论、民航运输基础理论、飞机构造基础知识、电脑基础知识、法律基础知识、常用英语基础知识、心理学基础知识、外事知识、世界各国风土人情和礼节礼仪知识等。二是精湛的业务操作技能的训练。无论是证件检查、X射线检查仪检查、人身检查，还是开箱包检查、机器故障的检测维修、飞机监护与清查，这些都是技术较密集型的工作。每一位安检人员都应当做到一专多能，技能上精益求精，努力成为合格的岗位技术能手。三是灵活的现场应急处置能力的训练。安检现场是成千上万旅客流动的场所，情况复杂多变，意想不到的突发问题随时可见，因此，增强现场应急处置能力显得尤为重要。

（三）遵纪守法，严格检查

遵纪守法是指每个职业劳动者都要遵守职业纪律和与职业活动相关的法律法规。严格检查，确保安全是安检人员的基本职责和行为准则。遵纪守法，严格检查的基本要求：一是要求安检人员在安检过程中，必须做到依法检查和按照规定的程序进行检查。《中华人民共和国民用航空法》和《中华人民共和国民用航空安全保卫条例》以及民航总局有关空防工作的指令和规定，为安检人员安全技术检查提供了法律依据，也是安检工作步入法制化的新契机。每一位安检人员要克服盲目性和随意性的不良习惯，强化法律意识，吃透法律精神，严格依法实施安全检查，学会运用法律武器处理问题，依照法律办事。二是安检人员要自觉遵守党和国家的各项法律法规和政策规定，自觉学法用法守法，严格遵守外事纪律、保密纪律、安检岗位纪律，自觉过好权力关、金钱关、人情关，严禁参与社会上"六害"等不法行为活动，做遵纪守法的模范。三是在实施检查工作中，在执行每次任务时，每一道工序、每一个环节，安检人员都要做到一丝不苟，全神贯注，严把验证、人身检查、行李物品检查、飞机监护几道关口，各个关口要层层设防、层层把关，做到万无一失，把隐患消灭在地面上，让每一个航班平安起降。

（四）文明执勤，热情服务

文明执勤，热情服务，是安检人员职业道德规范的重要内容，也是民航安检职业性质的具体体现，充分反映了"人民航空为人民"的宗旨。安全检查的根本任务，就是为人民服务，为旅客安全服务。安检人员应通过文明的执勤方法和热情的服务来实现这个根本任务。要真正做到文明执勤，就必须从以下三方面着手：一是端正服务态度。安检人员要以满腔热情对待工作，以主动、热情、诚恳周到、宽容耐心的服务态度对待旅客，反对冷漠、麻木、高傲、粗鲁、野蛮的恶劣态度。二是规范化服务。安检人员在执勤时应仪容整洁，举止端庄，站有站相，坐有坐相，说话和气，想旅客所想，忧旅客所忧，树立起旅客至上的行业新风。三是正确处理严格检查与文明服务的辩证统一关系，两者是互相紧密联系的整体。安检人员要用文明执勤姿态、文明执勤举止、文明执勤语言和行为，努力塑造民航安检的文明形象，赢得社会的信赖和支持。

（五）团结友爱，协作配合

团结友爱，协作配合，是处理职业团体内部人与人之间以及协作单位之间关系的职业道德规范，是社会主义职业道德集体主义原则的具体体现，是建立"平等、友爱、互助、协作"新型人际关系和增强整体合力的重要保证。

对安全技术检查这一特定的职业来说,只有搞好同事之间的团结协作,加强安检队伍与外部友邻单位的密切联系,促进纵向系统与横向系统的广泛交往,形成紧密联系、互相团结协作的纽带,空防安全才能建设成坚不可摧的钢铁防线。我们讲团结协作,不是无原则的团结,而是真诚的团结。按照社会主义职业道德规范要求,应划清以下几个界限:一是顾全大局与本位主义的界限。要反对本位主义不良倾向,不能遇事只从本位主义利益出发,而应站在全局利益和整体利益上认识和处理问题,这样才能求得真正的长远的团结。二是集体主义与小团体主义的界限。表面上看小团体主义也是为了集体,但本质上与集体主义有着原则上的区别。集体主义是国家、集体、个人三者利益的统一,小团体主义是不顾三者利益而只求小团体的狭隘利益,甚至牺牲别人利益而满足自己利益,是本位主义的延伸和发展。三是互相尊重协作与互相推诿扯皮的界限。互相尊重协作是团结的基础,是建立在平等信任的关系之上的,而互相推诿扯皮是典型的个人主义和自由主义的反映,只能造成大家离心离德。四是团结奋进与嫉贤妒能的界限。团结奋进不仅是一个精神状态问题,而且是团结的最终目标,通过团结形成强有力的整体而不断开拓进取。而嫉贤妒能是涣散斗志、涣散团结的腐蚀剂,要坚决反对这种消极无为的现象,并运用各种方式形成强有力的舆论力量加以制止。全体安检人员要紧密凝聚成坚强的集体,为祖国民航事业的腾飞、为国家的繁荣昌盛贡献力量。

三、安检人员职业道德养成的基本途径

(一)抓好职业理想信念的培养

安检人员良好的职业理想信念和职业道德境界,是职业道德养成的思想基础。要坚持用马克思主义道德观和中国特色的社会主义理论武装头脑,用科学的理论教育人,用正确的舆论引导人,用高尚的情操陶冶人,与腐朽的消极的职业道德观划清界限,自觉抵制错误思想的影响,树立正确的职业理想和人生信念,把个人的人生观、价值观、幸福观与民航安检事业统一起来,立志为空防安全而奋斗。

(二)注重职业道德责任的锻炼

所谓职业道德责任,就是从事职业的个人对社会、集体和服务对象所应承担的社会责任和义务。对安检职业是忠于职守、尽职尽责,还是麻木不仁、玩忽职守,这是两种对立的职业道德责任表现。只有建立职业道德责任制,将安检人员职业道德规范落实到岗位,落实到每个员工,从而贯彻落实到安检工作的全过程中,形成层层落实的责任机制,职业道德规范才能逐步变成每个员工的自觉习惯,高度的职业道德责任才能在每个员工的心灵中逐步扎根。

(三)加强职业纪律的培养

职业纪律是职业道德养成的必要手段,是保证职业道德成为人们行为规范的有效措施。职业道德是靠社会舆论、内心信念、传统习惯来调整人与人、人与社会的关系,而职业纪律则是靠强制性手段让人们服从,具有一定的强制约束力。建立一套严明的安检职业纪律约束机制,培养令行禁止的职业纪律,是加强安检人员职业道德养成的重要途径。对自觉遵守职业道德成效显著的要大力地给予表彰和宣扬,而对职业道德严重错位失范的和情节影响严重的,除进行必要教育引导外,视情节轻重给予纪律处罚,以充分发挥职业纪律的惩戒教育和强制约束作用。

(四)强化职业道德行为的修养

职业道德行为的修养,就是指安检人员在安检实践活动中,按照职业道德基本原则和规范的内容,在个人道德品质方面自我锻炼和自我改造,形成高尚的道德品质和崇高的思想境界,将职业道德规范自觉转化为个人内心要求和坚定的信念,形成良好的行为和习惯。每一位安检人员都应自觉地以职业道德规范修养自身,尤其是在无人监督的情况下,严格地约束自己,自觉成为职业道德的模范。

思考题:

1. 安检人员应当具备什么样的职业素养才能更好地履行职能和完成肩负的使命?
2. 安检人员要提高业务技能必须抓好的三个基本功是什么?
3. 安检人员职业道德养成的途径有哪些?

第十章　证件检查

第一节　身份证的识别

一、第二代居民身份证的式样、登记内容及使用规定

（一）第二代居民身份证的式样

第二代居民身份证采用专用非接触式集成电路（芯片）制成卡式证件，规格为 85.6 mm×54 mm×1.0 mm（长×宽×厚）。以"万里长城"为背影图案的主标志物代表中华人民共和国长治久安，远山的背景增强长城图案的纵深感，图案以点线构成。国徽庄严醒目，配以"中华人民共和国居民身份证"名称，明确表达了主题。证件清新、淡雅、淳朴、大方。

证件正面印有中华人民共和国居民身份证的证件名称，采用彩虹扭索花纹（也称底纹），颜色从浅蓝色至浅粉红色再至浅蓝色的顺序排列，颜色衔接处相互融合且过渡自然；"国徽"图案在证件正面左上方突出位置，颜色为红色；证件名称分两行排列于"国徽"图案右侧证件上方位置；以点线构成的浅蓝灰色写意"长城"图案位于国徽和证件名称下方，证件版面中心偏下位置；签发机关和有效期限两个项目位于证件下方。

证件背面印有：与正面相同的彩虹扭索花纹，颜色与正面相同；姓名、性别、民族、出生日期、常住户口所在地住址、公民身份号码和本人相片七个项目的持证人相关信息；定向光变色的"长城"图案位于性别项目的位置，光变光存储的"中国 CHINA"字符位于相片与公民身份号码项目之间的位置。

证件采用汉字与少数民族文字。根据少数民族文字书写特点，采用少数民族文字的证件有两种排版格式：一种是同时使用汉字和蒙文，蒙文在前，汉字在后；另一种是同时使用汉字和其他少数民族文字（如藏、壮、维吾尔、朝鲜文等），少数民族文字在上，汉字在下。

（二）第二代居民身份证的登记内容

第二代居民身份证具备视读与机读两种功能。视读、机读的内容共有九项：姓名、性别、民族、出生日期、常住户口所在地住址、公民身份号码、本人相片、证件的有效期限和签发机关。

（三）有关使用和查验第二代居民身份证的规定

公民从事有关活动，需要证明身份的，有权使用居民身份证证明身份，有关单位及其工作人员不得拒绝。

有下列情形之一的，公民应当出示居民身份证证明身份：

（1）常住户口登记项目变更；

（2）兵役登记；

（3）婚姻登记、收养登记；

（4）申请办理出境手续；

（5）法律、行政法规规定需要用居民身份证证明身份的其他情况。

依照居民身份证法规定未取得居民身份证的公民，从事以上规定的有关活动，可以使用符合国家规定的其他证明方式证明身份。

人民警察依法执行公务，遇有下列情形之一的，经出示执法证件，可以查验居民身份证：

（1）对有违法犯罪嫌疑的人员，需要查明身份的；

（2）依法实施现场管制时，需要查明现场有关人员身份的；

（3）发生严重危害社会治安突发事件时，需要查明现场有关人员身份的；

（4）法律规定需要查明身份的其他情形。

对上述所列情形之一，拒绝人民警察查验居民身份证的，依照有关法律规定，分别不同情形，采取措施予以处理。

任何组织或者个人，不得扣押居民身份证。但是，公安机关依照《中华人民共和国刑事诉讼法》执行监视居住强制措施的情形除外。

二、第二代居民身份证的一般识别方法

针对第二代居民身份证采用的直观和数字防伪措施，有关部门或个人在对居民身份证进行查验或核查时，可以采用以下七种方法：

（1）核对相片。判别证件照片与持证人的一致性。

（2）彩虹印刷。居民身份证底纹采用彩虹、精细、微缩印刷方式制作，颜色衔接处相互融合且过渡自然，颜色变化部分没有接口。

（3）查看底纹中微缩文字字符串。使用放大镜放大70倍以上观察。

（4）使用紫外线灯光观察荧光印刷的图案。

（5）查看定向光变色的"长城"图案。自然光条件下，垂直观察时看不到图案，和法线（垂直于图案平面的直线）成较大夹角观察时能看到图案。在正常位置观察，图案反射光颜色为橘红色；当图案绕法线方向顺时针或逆时针旋转30°～50°时，图案反射光颜色为绿色；当旋转70°～90°时，图案反射光颜色为紫色。

（6）查看光变光存储"中国CHINA"字符。自然光条件下，可观察到"中国CHINA"字样，字符串周围有渐变花纹，外沿呈椭圆形。

（7）通过专用阅读机具读取存储在证件芯片内的机读信息，并进行解密运算处理后，自动判别其真伪。若读取的信息是合法写入的，则专用阅读机具显示（或送出）所读取的信息；若读取的信息是非法写入或被窜改，则专用阅读机具只显示（或送出）信息有误的提示。

三、第二代居民身份证的防伪措施

（一）直观防伪措施

（1）扭索花纹采用"长城"彩虹印刷。

（2）在底纹中隐含有微缩字符。微缩字符由"居民身份证"汉语拼音字头"JMSFZ"组成。

（3）正面写意图案采用荧光印刷。

（4）背面图案采用定向光变色膜。

(5) 背面"中国CHINA"字符采用光变存储膜。

(二) 数字防伪措施

证件机读信息进行加密运算后存储在证件专用集成电路（芯片）内。

四、临时身份证的身份证明要素

二代临时身份证为单页卡式，规格、登记项目均与第一代居民身份证相同。临时身份证的有效期限为3个月和一年两种：因申领居民身份证尚未领到证件的人和居民身份证丢失、损坏尚未补领到证件的人，发给有效期为3个月的证件；16周岁以上常住人口待定人员发给有效期为一年的证件。有效期为3个月的，使用阿拉伯数字填写；有效期为一年的，使用汉字填写。

二代临时身份证的正面印有褐色的长城烽火台、群山和网纹图案；背面印有黄色的网状图案，并在右下角粘贴印有天安门广场图案的全息胶片标志。矩形全息胶片标志规格约为12 mm×9 mm，由拱形环绕的天安门广场、五星和射线组成，图案呈多种光谱色彩。全息胶片标志粘贴在证卡背面右下角，上边和右边分别距证卡上边和右边为3 mm。临时身份证应贴有本人近期相片，写明姓名、性别、年龄、工作单位（住址）、有效日期，并在相片下方加盖骑缝章。

第二节　机场控制区证件的识别

一、全民航统一制作的证件

（一）空勤登机证

空勤登机证适用于全国各民用机场控制区（含军民合用机场的民用部分）。

空勤人员执行飞行任务时，须着空勤制服（因工作需要穿着其他服装的除外），佩戴空勤登机证，经过安全检查进入候机隔离区或登机。因临时租用的飞机或借调人员等原因，空勤人员须登上与其登机证适用范围不同的其他航空公司的飞机时，机长应主动告知飞机监护人员。

（二）公务乘机通行证

公务乘机通行证全称为中国民航公务乘机通行证，1998 年 3 月 1 日启用，由民航总局公安局统一制作，民航总局公安局、地区管理局公安局、飞行学院公安局以及航空公司保卫部门负责签发。执行飞行、安全监察、安全保卫、身体检测、航线实习等任务的人员可办理公务乘机通行证。公务乘机通行证上有姓名、性别、单位、前往地点、有效期、签发人、签发日期等项目，填写须用蓝黑碳素墨水，不得涂改，在"骑缝章"和"单位印章"处加盖签发机关印章。公务乘机通行证的"有效期"最长不得超过 3 个月，"前往地"栏最多只能填写 4 个（民航总局公安局除外）。

公务乘机通行证只限在证件"前往地"栏内填写的机场适用。持证人应经安全检查进入机场控制区；随机执行公务的，应办理加入机组手续。持证人经过安检时，应将公务乘机通行证与工作证同时交验。

（三）航空安全员执照

航空安全员执照由民航总局公安局统一制发，只适用于专职航空安全员，适用范围与空勤登机证相同。

（四）特别工作证

特别工作证全称为中国民用航空总局特别工作证，由民航总局公安局制发和管理。特别工作证持有者可免检进入全国各民用机场控制区、隔离区或登机（不代替机票乘机检查工作）。进入上述区域时，持该证者要主动出示证件。

二、民航各机场制作的证件

这类证件是根据管理的需要，由所在机场制发的有不同用途和使用范围的证件。从时限上划分，可分为长期、临时和一次性证件；从使用范围上划分，可分为通用、客机坪、候机楼隔离区、国际联检区等区域性证件；从使用人员上划分，可分为民航工作人员、联检单位工作人员和外部人员等各类人员的证件。

这些证件不论怎样划分，在外观颜色上、规格上可能各有不同，但其内容要素则不会有大的区别。

（一）民航工作人员通行证

这是发给民航内部工作人员因工作需要进出某些控制区域的通行凭证，由所在机场统一制发和管理。虽然证件外观式样和颜色不尽相同，但都必须具备以下项目：机场名称（××机场字样）、持证人照片、单位、职务、姓名、有效期限、签发机关（盖章）、允许通行（到达）的区域等，并应在证件背面有说明。

允许通行和到达的区域一般分为候机隔离区（有的分国际和国内两部分）、客机坪、联检厅、登机等。

（二）联检单位人员通行证

此证适用于对外开放的有国际航班的机场，主要发给在机场工作的联检单位的有关工作人员。这些单位一般是海关、公安边防、卫生检疫、动植物检疫、口岸办、出入境管理部门等。

此证由所在机场制发和管理，其使用范围一般只限于与其持证人工作相关的区域。虽然证件的外观式样与项目内容各机场不尽相同，但其内容要素与前面所讲的民航工作人员通行证相同。

（三）外部人员通行证

外部人员通行证的使用人员为因工作需要而准许进入机场有关区域的民航以外的有关单位的工作人员。这类证件又分为"专用"和"临时"两种，二者的区别在于：专用证有持证人的照片，而临时证则无持证人的照片；专用证的登记项目内容与前面所说的证件相同，而临时证则没有那么多内容，但必须有允许到达的区域标记。此证一般与本人身份证同时使用。持外部人员通行证者，必须经安全检查后方可进入隔离区、客机坪。

（四）专机工作证

专机工作证由民航公安机关制发。专机工作证一般为一次性有效证件，发给与本次专机任务有关的领导、警卫、服务等有关工作人员。凭专机工作证，有关工作人员可免检进入与本次专机任务相关的工作区域。

专机工作证的式样、颜色不一，但应具备以下基本内容和要素："专机工作证"字样、专机任务的代号、证件编号、颁发单位印章、有效日期等。专机工作证的颜色应明显区别于本机场其他通行证件的颜色,以便于警卫人员识别。

(五)包机工作证

包机工作证由民航公安机关制发和管理。包机工作证发给与航空公司包机业务有关的人员,持证人凭证可进入与包机工作相关的区域。证件内容根据使用时间长短而定,短期的应贴有持证人照片,一次性的可免贴照片。

三、其他人员通行证件

(一)押运证

押运证有多种式样,主要适用于有押运任务的单位和负责押运任务的工作人员。

担负包机、押运机要文件和特殊货物任务的押运人员,在飞机到达站或中途站时,可凭押运证在客机坪监卸和看管所押运的货物。

(二)军事运输通行证

军事运输通行证以有军事运输任务的机场公安机关颁发的为准,使用人员为与军事运输工作相关的人员。使用人员可凭证件到达与军事运输相关的区域。此证应注明持证人单位、姓名和有效期限,并加盖签发单位的印章。

(三)侦察证

侦察证全称为中华人民共和国国家安全部侦察证,由国家安全部统一制作、签发,全国通用。侦察证的式样是:封面为红色,上部印有盾牌、五角星、短剑及"国家安全"字样组成的徽章图案,下部印有"中华人民共和国国家安全部侦察证"字样;封二印有持证人照片、姓名、性别、职务、单位、签发机关、国家安全部印章、编号;封三印有持证者依法可以行使的职权。国家安全机关的工作人员,因工作需要进出当地机场隔离区、客机坪时,凭机场通行证件通行;在外地执行任务时,凭省、自治区、直辖市国家安全机关介绍信(国家安全部机关凭局级单位介绍信)和侦察证进入上述区域。

国家安全机关的工作人员持侦察证乘机执行任务时,机场安检部门按

正常安检程序对其实施安全检查。

四、车辆通行证件

凡进入机场控制区的车辆都必须持有专用的通行证件。车辆通行证件的式样各机场不尽相同，但一般应具备以下基本内容和要素：车辆的单位、车辆的牌号及车型、允许到达的区域、有效期限、签发单位等。

第三节 其他乘机有效证件的识别

一、护照

中国护照，包括外交护照、公务护照、因公普通护照和因私普通护照。

外国护照，包括外交护照、公务护照和普通护照等。

二、部队证件

（一）中国人民解放军军官证

中国人民解放军军官证的外观为红色人造革外套，封面上方正中印有烫金的五角星，在五角星下方印有"中国人民解放军军官证"烫金字样，最下方印有烫金的"中华人民共和国中央军事委员会"字样。

中国人民解放军军官证的内芯内容分别为相片、编号、发证机关、发证时间、姓名、出生年月、性别、籍贯、民族、所在部队、职务、军衔等登记项目。

（二）中国人民武装警察部队警官证

中国人民武装警察部队警官证的外观为深蓝色人造革外套，封面上方正中印有烫金的警徽，在警徽下方印有烫金的"中国人民武装警察部队警官证"字样，最下方印有烫金的"中华人民共和国中央军事委员会"字样。

中国人民武装警察部队警官证的内芯内容除增加了"有效期"和改"军衔"为"衔级"外，其他内容和填写要求等都与中国人民解放军军官证相同。

（三）中国人民解放军士兵证

中国人民解放军士兵证的外观为油绿色人造革外套，封面上方正中印有烫金的五角星，在五角星下方印有烫金的"中国人民解放军士兵证"字样，最下方印有烫金的"中华人民共和国中央军事委员会"字样。

中国人民解放军士兵证的内芯内容分别为姓名、性别、民族、籍贯、入伍年月、出生年月、所在部队、职务、军衔、发证机关、发证日期以及证件编号（一律用阿拉伯数字填写），并贴持证人近期着军衔服装的一寸正面免冠照片，加盖团以上单位代号钢印。

（四）中国人民武装警察部队士兵证

中国人民武装警察部队士兵证的外观为红色人造革外套，封面上方正中印有烫金的警徽，在警徽下方印有烫金的"中国人民武装警察部队士兵证"字样，最下方印有烫金的"中华人民共和国中央军事委员会"字样。

其内芯内容与中国人民解放军士兵证的相同。

（五）中国人民解放军文职干部证

中国人民解放军文职干部证的外观为红色人造革外套，封面上方正中印有烫金的五角星，在五角星下方印有烫金的"中国人民解放军文职干部证"字样，最下方印有烫金的"中华人民共和国中央军事委员会"字样。

中国人民解放军文职干部证的内芯内容分别为照片、编号、发证时间、姓名、出生年月、性别、籍贯、民族、所在部队、职务、备注等登记项目。

（六）离休荣誉证

离休荣誉证的外观为红色人造革外套，封面上方正中印有烫金的"中国人民解放军离休干部荣誉证"字样，下方印有烫金的五角星，最下方印有烫金的"中华人民共和国中央军事委员会"字样。

离休荣誉证的内芯内容分别为照片、编号、发证日期、姓名、性别、民族、籍贯、出生年月、入伍（参加革命工作）时间、原所在部队职别、离休时军衔、专业技术等级、现职级待遇、批准离休单位、批准离休时间、安置单位等登记项目。

（七）军官退休证

军官退休证的外观为红色人造革外套，封面上方正中印有烫金的"中国人民解放军军官退休证"字样，下方印有烫金的五角星，最下方印有烫金的"中华人民共和国中央军事委员会"字样。

军官退休证的内芯内容分别为照片、编号、发证日期、姓名、性别、民族、出生年月、籍贯、参加工作时间、入伍时间、原所在部队职别、原军衔、专业技术等级、批准退休单位、批准退休时间、安置单位等登记项目。

（八）中国人民解放军职工工作证

中国人民解放军职工工作证的外观为红色人造革外套，封面上方正中印有烫金的五角星，下方印有烫金的"中国人民解放军职工工作证"字样。

中国人民解放军职工工作证的内芯内容分别为照片、编号、发证机关、发证时间、姓名、籍贯、性别、出生年月、民族、工作单位、职务、身份证号等登记项目。

（九）学员证

学员证由各大专院校制发。虽然其外表规格式样不尽相同，但其证件内容应具备的要素均为照片、发证机关、编号、发证时间、学年、姓名、性别、民族、籍贯、出生年月、专业等登记项目。除此之外，还分别有各学年和各学期的登记，以及假期火车优待区间的登记。证件最后一页为备注栏。

三、其他可以乘机的有效证件

（1）本届全国人大代表证、全国政协委员证。

（2）出席全国或省（自治区、直辖市）的党代会、人代会、政协会，以及工、青、妇代表会和劳模会的代表，凭所属县、团级以上（含县、团级）党政军主管部门出具的临时身份证明。

（3）旅客的居民身份证在户籍所在地以外被盗或丢失的，凭发案、报失地公安机关出具的临时身份证明。

（4）年龄已高的老人（按法定退休年龄掌握），凭接待单位、本人原工作单位或子女、配偶工作单位出具的临时身份证明,但必须是县、团级以上(含县、团级)单位出具的。

(5)16岁以下未成年人凭学生证、户口簿或者户口所在地公安机关出具的身份证明。

第四节　乘机证件检查的程序及方法

安检人员应掌握查验有效乘机证件、客票、登机牌、机场控制区证件的程序及方法,了解有效乘机证件的种类及相关知识,了解机场控制区证件的种类、式样及使用范围。只有这样,安检人员才能出色地完成证件检查的工作任务。

一、证件检查的程序

(1)人、证对照。验证检查员在接证件时,要注意观察持证人的五官特征,再看证件上的照片与持证人的五官是否相符。

(2)核对"三证"。一是核对证件上的姓名与机票上的姓名是否一致;二是核对机票是否有效,有无涂改痕迹;三是核对登机牌所注航班是否与机票一致;四是查看证件是否有效,同时查对持证人是否是查控对象。

(3)查验无误后,按规定在登机牌上加盖验讫章放行。

二、证件检查的方法

查验证件时应采取检查、观察和询问相结合的方法,即"一看、二对、三问"。

看:就是对证件进行检查,要注意识别证件的真伪,认真查看证件的外观式样、规格、塑封、暗记、照片、印章、颜色、字体、印刷以及编号、有效期限等主要识别特征是否与规定相符,有无变造、伪造的疑点。注意查验证件是否过期失效。

对:就是观察辨别持证人与证件照片的性别、年龄、相貌特征是否吻合，有无疑点。

问：就是对有疑点的证件，通过简单询问其"姓名、年龄、出生日期、生肖、单位、住址"等，进一步加以核实。

三、机场控制区证件的检查方法

查验机场控制区证件，以民用航空主管部门及本机场有关文件为准。

全国各机场使用的机场控制区证件代码有所不同，主要用以下几种方式表示不同的区域：

（1）用阿拉伯数字（1，2，3，4，…）表示允许持证人通过（到达）的区域。

（2）用英文字母（A，B，C，D，…）表示允许持证人通过（到达）的区域。

（3）用中文直接描述允许持证人通过（到达）的区域（如机场控制区、机场隔离区、停机坪等）。

进入机场控制区证件检查的一般方法：

（1）看证件外观式样、规格、塑封、印刷、照片是否与规定相符，是否有效。

（2）检查持证人与证件照片是否一致，确定是否为持证人本人。

（3）看持证人到达的区域是否与证件限定的范围相符。

（4）如有可疑，可向证件所注明的使用单位或持证人本人核问清楚。

（一）对工作人员证件的检查

（1）检查证件外观式样、规格、塑封、印刷、照片是否完好和正常，证件是否有效；检查持证人与证件上的照片是否一致；检查持证人证件的适用区域。

（2）检查完毕，将证件交还持证人，符合的放行，不符合的拒绝进入。

（二）对机组人员证件的查验

（1）对机组人员需查验空勤登机证，做到人证对应。

（2）对加入机组的人员应查验其中国民航公务乘机通行证（加入机组证明信）、有效身份证件或工作证件。

（三）对一次性证件的查验

当持证人进入控制区相关区域时，验证员应查验其所持一次性证件的通行区域范围和日期。其具体办法按各机场有关规定执行。

四、验证检查的注意事项

（1）检查中要注意看证件上的有关项目是否有涂改的痕迹。

（2）检查中要注意发现冒名顶替的情况，注意观察持证人的外貌特征是否与证件上的照片相符。一旦发现有可疑情况，应对持证人仔细查问。

（3）查验证件时要注意方法，做到自然大方、态度和蔼、语言得体，以免引起旅客反感。

（4）注意观察旅客穿戴有无异常，如戴墨镜、戴围巾、戴口罩、戴帽子等有伪装嫌疑的穿着，应让其摘下，以便于准确核对。

（5）应注意工作秩序，集中精力，防止漏验证件或漏盖验讫章。

（6）验证中要注意发现通缉、查控对象。

（7）验证中发现疑点时，要慎重处理、及时报告。

（8）根据机场流量和工作标准以及验证、前传、引导、人身检查岗位的要求，适时验放旅客。

五、验讫章的使用管理制度

验讫章实行单独编号、集中管理，落实到各班（组）使用。安检验讫章不得带离工作现场，如有特殊情况需带离现场时，必须经安检值班领导批准。

第五节 证件识别的方法

一、涂改证件的识别

检查中要注意查看证件上的姓名、性别、年龄、签发日期等项目是否有涂改的痕迹。涂改过的证件笔画粗糙、字迹不清，涂改处及周围的纸张因为经过处理可能变薄或留下污损的痕迹。只要仔细观察，涂改证件通常可以用肉眼进行分辨。

二、伪造、变造证件的识别

检查中要注意甄别证件的真伪，认真检查证件的外观式样、规格、塑封、印刷和照片等主要识别特征是否与规定相符，有无变造、伪造的疑点。

真证规格统一，图案、暗记齐全清晰；假证规格不一，手感较差，图案模糊不清，暗记不清不全。

真证内芯纸质优质、字迹规范、文字与纸张一体；假证内芯纸质粗糙、笔画粗糙、字迹不清、排列不齐，文字凸现纸上。

真证印章边缘线宽窄一致，图案清晰，印章中字体大小一致、均匀规范，印油颜色深入纸张；而假证印章边线宽窄不一，图案模糊，印章中字体大小不一、粗细不一，印油颜色不均匀、发散。

对揭换过照片的证件，重贴的照片边缘有明显粘贴痕迹，薄厚不均，因为揭撕原照片时很容易把照片底部表层纸撕去一部分，造成薄厚不均的现象，用透光检查很容易发现。

在紫光灯下，真的居民身份证的印章显示红色荧光，而伪假证件可能无荧光出现。

三、冒名顶替证件的识别

检查中要注意查处冒名顶替的情况。要先看人，后看证，注意观察持证人的外貌特征是否与证件上的照片相符，主要观察其五官的轮廓、分布，如耳朵的轮廓和大小、眼睛的距离和大小形状、嘴唇的厚薄和形状，以及面部轮廓即颧骨和下颌骨的轮廓等。发现有可疑情况，应对持证人仔细查问，弄清情况。

四、证件检查的处置方法

（一）证件检查情况处置程序

（1）发现旅客的证件存在问题时，安检人员首先要将旅客的证件或机票掌握在自己手中，并密切关注旅客。

（2）在密切关注旅客的同时，应联系值班领导。

（3）值班领导到达后，向值班领导报告证件检查情况，并将相关手续及旅客转交给值班领导进行处理。

（二）涂改、伪造、变造、冒名顶替证件的处理方法

（1）旅客持涂改、伪造、变造、冒名顶替证件乘机是违法行为，一旦发现，应立即报告值班领导，并做好登记，然后移交民航公安机关审查处理。

（2）如果是境外人员非法持有国内居民身份证件，应将其移交民航公安机关处理。

（3）如果上述旅客年事已高（按法定离退休年龄掌握），经民航公安机关查明其身份且无前科的情况下，在收缴其非法证件并依法处罚后，可视情况由安检部门对其实施严格的安全检查，准予乘机。

（三）过期证件的处理方法

（1）旅客所持居民身份证过期时间不到6个月的可以放行，超过6个月的不予放行。

（2）旅客所持临时居民身份证过期，15天以内经值班领导批准后可以放行，超过15天的不予放行。

（四）旅客因故不能出示居民身份证的处理方法

（1）旅客因故不能出示居民身份证，但旅客持有其他允许的乘机证件，可以放行。

（2）旅客因故不能出示居民身份证，但又不具备上述其他允许的乘机

证件，则交值班领导处理。

第六节　在控人员的查缉与控制

一、查控工作的要求

查控工作是一项政策性较强的工作，是通过公开的检查形式，查缉与控制恐怖分子、预谋劫机分子、刑事犯罪和经济犯罪分子、走私贩毒和其他犯罪分子的一种手段。因此，工作中要认真对待、不能疏忽。

二、发现查控对象时的处理方法

检查中发现查控对象时，应根据不同的查控要求，采取不同的处理方法。

发现通缉的犯罪嫌疑人时，要沉着冷静、不露声色，待其进入安检区后，按预定方案处置，同时报告值班领导，尽快与布控单位取得联系。将嫌疑人移交布控单位时，要做好登记，填写移交清单并双方签字。对同名同姓的旅客，在没有十分把握的情况下应交民航公安机关处理。

三、接控的程序和方法

（1）公安、安全部门要求查控时应通过民航公安机关，安检部门不直接接控。

（2）接控时，应查验查控对象通知单等有效文书。查控通知应具备以下内容和要素：布控手续齐全，查控对象的姓名、性别、所持证件编号、查控的期限和要求、联系单位、联系人及电话号码。

（3）接控后，要及时安排布控措施。

（4）如果遇到特殊、紧急、重大的布控，而来不及到民航公安机关办理手续的，安检部门在查验有效手续齐全的情况下可先布控，但应要求布控单位补办民航公安机关的手续。

（5）验证员应熟记在控人员名单和主要特征。

（6）对各类查控对象的查控时间应有明确规定，安检部门要定期对布控通知进行整理，对已超过时限或已撤控的要及时进行清理。

思考题：

1. 第二代居民身份证的一般识别方法有哪些？
2. 全民航统一制作的证件有哪些？
3. 乘机的有效证件有哪些？
4. 简述验讫章的使用管理制度。

第十一章 人身检查的实施

第一节 手工人身检查

一、手工人身检查的定义

手工人身检查是指安检人员按规定对旅客身体采取摸、按压、轻轻拍打等方式，用手来感觉出藏匿的物品，以发现危险品、违禁物品等的安全检查方法。

二、手工人身检查的注意事项

（1）检查时，安检人员双手掌心要切实接触旅客身体和衣服，因为手掌心面积大且触觉较敏锐，这样能及时发现藏匿的物品。

（2）不可只查上半身不查下半身，要特别注意检查重点部位。

（3）旅客从身上掏出的物品，应仔细检查，防止夹带危险物品。

（4）检查过程中要不间断地观察旅客的表情，防止发生意外。

（5）对女性旅客实施检查时，必须由女性安检人员进行。

三、手工人身检查的程序

安检人员面对旅客，先从旅客的前衣领开始，至双肩、前胸、腰部止；再请旅客转身，从后衣领开始，至双臂外侧、内侧、腋下、背部、后腰部、裆部、双腿内侧、外侧和脚部止。冬季着装较多时，可请旅客解开外衣，对外衣也必须进行认真的检查。

四、手工人身检查的方法

手工人身检查主要是顺着身体的自然形状，通过摸、按压、轻轻拍打等方式，用手来感觉出藏匿的物品。按压是指在手不离开旅客的衣物或身体的情况下用适当的力度进行按压，以感觉出旅客身体或衣物内不相贴合、不自然的物品。对旅客取出物品的部位，应用手再进行复查，排除疑点后方可进行下一步检查。

手工人身检查一般应由同性别安检人员实施；对女性旅客实施手工检查时，必须由女性安检人员进行。

五、引导岗位检查方法和程序

（1）引导员将衣物筐放于安全门一侧的工作台上并站立在安全门一侧，面对旅客进入通道的方向，保持待检状态。

（2）当有旅客进入检查通道时，引导员提示并协助旅客将随身行李有序地放置于X射线检查仪的传送带上，同时请旅客将随身物品及随身行李中的手提电脑、照相机等电器类取出放入衣物筐内。若旅客穿着较厚重的外套，应请其将外套脱下，一并放入衣物筐内过机检查。

（3）引导员要随时观察手工人身检查区人身检查员的工作情况（当人身检查员正在对旅客进行检查时，引导员应请待检旅客在安全门一侧等待），待人身检查员检查完毕，再引导待检旅客有序通过安全门接受人身检查。引导员应合理控制过检速度，保证人身检查通道的畅通。

（4）对于易碎、贵重物品或其他特殊物品，应及时提醒X射线检查仪操作员小心注意。

（5）对不宜经过X射线检查仪检查的物品，应从安全门一侧交给人身检查员，并通知开箱包检查员检查。

（6）对怀孕的、带有心脏起搏器的、坐轮椅的残疾或重病等不宜通过金属探测门检查的旅客，引导员应提醒人身检查员进行手工人身检查。

第二节　仪器人身检查

一、仪器人身检查的定义

仪器人身检查是指安检人员按规定程序采用仪器（手持金属探测器、金属探测门）对旅客身体进行的安全检查方法。其目的是发现旅客身上藏匿的危险品、违禁物品和限制物品，以保障民用航空器及其所载人员的生命财产安全。

二、金属探测门检查的方法

所有乘机旅客都必须通过安全门检查（政府规定的免检者除外）。旅客通过安全门之前，引导员应首先提醒其取出身上的随身物品，然后引导旅客按次序逐个通过安全门（要注意掌握旅客流量）。如果探测门发出报警信号，人身检查员就应使用手持金属探测器或手工人身检查的方法对通过的旅客进行复查，彻底排除疑点后才能放行；对通过时探测门未发出报警信号的旅客，人身检查员可使用手持金属探测器或手工人身检查的方法进行抽查。

对旅客放入衣物筐中的物品，应通过 X 射线检查仪进行检查。对不便进行 X 射线检查仪检查的物品，要注意采用摸、掂等方法检查，看是否藏匿违禁物品。

三、手持金属探测器检查的方法

手持金属探测器检查是安检人员通过采用手持金属探测器和手相结合的方法，按规定程序对旅客人身实施的安全检查。检查时，金属探测器所到之处，人身检查员的另一只手应采用摸、按、压的动作配合进行。如果手持金属探测器报警，人身检查员应对报警部位进行触摸复查，以判断报警物品的性质，同时请旅客取出物品进行检查。旅客取出物品后，人身检查员应再对该报警部位进行复查,确认无误后,方可进行下一步检查。

四、手持金属探测器检查的程序

(1) 右前衣领→右肩→右大臂外侧→右手→右大臂内侧→腋下→右前胸→右上身外侧→腰、腹部。

(2) 左前衣领→左肩→左大臂外侧→左手→左大臂内侧→腋下→左前胸→左上身外侧→腰、腹部。

(3) 右膝部内侧→裆部→左膝部内侧。

(4) 头部→后衣领→背部→后腰部→臀部→左大腿外侧→左小腿外侧→左脚→左小腿内侧→右小腿内侧→右脚→右小腿外侧→右大腿外侧。

五、移位人身检查法的具体操作程序

(一) 移位人身检查法的定义

移位人身检查法是指在旅客接受人身检查时,人身检查员按规定方法主动完成从前到后的人身检查程序,从而让旅客能始终面对自己的行李物品,而避免不方便转身的人身检查方法。

移位人身检查法是一种从尊重旅客、方便旅客的角度来考虑的人身检查方法。

(二) 移位人身检查法的程序

(1) 人身检查员面对或侧对金属探测门站立,注意观察金属探测门报警情况及动态,确定人身检查对象。

(2) 当旅客通过金属探测门报警或者有需要重点检查的对象时,人身检查员应指引旅客到指定位置接受人身检查。

(3) 人身检查员请旅客面对自己的行李物品方向站立,提醒旅客照看好自己的行李物品,并从旅客正面开始实施人身检查。

(4) 人身检查员在完成旅客前半身的人身检查程序后,主动转至旅客身后,从旅客背面实施人身检查。

(5) 当人身检查员检查到旅客脚部有异常或鞋较厚较大时,应让旅客坐在椅子上,请其脱鞋,用手持金属探测器和手相结合的方法对其脚踝进行检查,并将旅客的鞋通过 X 射线检查仪进行检查。

（6）检查完毕，人身检查员应提醒旅客拿好自己的行李物品，并回到原检查位置，进入待检状态。

六、人身检查的重点对象和重点部位

（一）人身检查的重点对象

（1）精神恐慌、言行可疑、伪装镇静者。

（2）冒充熟人、假献殷勤、接受检查时过于热情者。

（3）表现不耐烦、催促检查者，或言行蛮横、不愿接受检查者。

（4）窥视检查现场、探听安全检查情况等行为异常者。

（5）本次航班已开始登机，才匆忙赶到安检现场者。

（6）公安部门、安全检查站掌握的嫌疑人和群众提供的有可疑言行的旅客。

（7）上级或有关部门通报的和来自恐怖活动频繁的国家及地区的人员。

（8）着装与其身份不相符或不合时令者。

（9）男性中青壮年旅客。

（10）根据空防安全形势需要，有必要采取特别安全措施航线的旅客。

（11）有国家保卫对象乘坐的航班上的有其他旅客。

（12）检查中发现的其他可疑问题者。

（二）人身检查的重点部位

头部、肩胛、胸部、手部（手腕）、臀部、腋下、裆部、腰部、腹部、脚部。

（三）从严检查的相关要求

（1）对经过手工人身检查仍不能排除疑点的旅客，可带至安检室进行从严检查。

（2）实施从严检查应报告安检部门值班领导批准后才能进行。从严检查必须由同性别的两名以上安检人员实施。

（3）从严检查应做好记录，并注意监视检查对象，防止其行凶、逃跑或毁灭罪证。

第三节　金属探测门简介

一、金属探测门的工作原理

脉冲式金属探测门的工作原理是设备发生的一连串脉冲信号产生一个时变磁场，该磁场对探测区中的导体产生涡电流，涡电流产生的次极磁场在接受线圈中产生电压，并通过处理电路辨别是否报警。

二、金属探测门的性能特点

脉冲式金属探测门具有独特的性能，符合主要安全标准和客户安全标准。它是通过感应寄生电流及均化磁场的数字信号处理方式而获得很高的分辨率，但发射磁场厚度很低，对带有心脏起搏器者、体弱者、孕妇、磁性媒质和其他电子装置无害。

三、金属探测门的试运行

（1）当一种型号的金属探测门在机场首次安装时，或一台金属探测门被改变位置后，操作员都必须重新进行调试。

（2）金属探测门应调节至适当的灵敏度，但不能低于最低安全设置要求。

（3）安装金属探测门时应避免可能影响其灵敏度的干扰。

（4）测试时分别将测试器件放置在人体的右腋窝、右臀部、后腰中部、右踝内侧等部位，通过金属探测门进行测试。实施测试的人员在测试时不应携带其他金属物品。

四、金属探测门的例行测试

（1）金属探测门如果连续使用（从未关闭过），应至少每天测试一次；在接通电源后和对旅客检查前，都要进行测试。

（2）如果金属探测门的灵敏度与以前的测试相比有所下降，就应调高其灵敏度。

（3）每周应进行一次测试，测试时把测试器件分别放在人体的右腋窝、右臀部、后腰中部、右踝内侧等四个部位，将测试结果加以比较，分析金属探测门的性能是否良好。

思考题：

1. 什么是人身检查？
2. 简述人身检查的程序和方法。
3. 人身检查的重点部位有哪些？

第十二章 开箱包检查

第一节 开箱包检查的实施

一、开箱包检查的程序

（1）观察外层。看箱包的外形，检查外部小口袋及有拉链的外夹层。

（2）检查内层和夹层。用手沿箱包的各个侧面上下摸查，将所有的夹层、底层和内层小口袋检查一遍。

（3）检查箱包内物品。按 X 射线检查仪操作员所指的重点部位和物品进行检查。在没有具体目标的情况下，应一件一件地检查。已查和未查的物品要分开，放置要整齐有序。若箱包内有枪支等物品，应先将其取出保管好，及时进行处理，然后再细查其他物品，同时要对物主采取看护措施。

（4）善后处理。检查后如有问题应及时报告值班领导，或交公安机关处理。没有发现问题的应协助旅客将物品放回箱包内，对其合作表示感谢。

二、开箱包检查的方法

开箱包检查一般是通过人的眼、耳、鼻、舌、手等感官进行，根据不同的物品而采取相应的检查方法。开箱包检查主要有看、听、摸、拆、掂、捏、嗅、探、摇、烧、敲、开等常用方法。

（1）看：对物品的外表进行观察，看是否有异常，包装袋是否有变动等。

（2）听：对录音机、收音机等音响器材通过听的方法，判断其是否正常，此法也可以用于对被怀疑有定时爆炸装置的物品进行检查。

（3）摸：直接用手的触觉来辨别异常，判断是否藏有危险物品。

（4）拆：对被怀疑的物品，通过拆开包装或外壳，检查其内部有无藏匿危险物品。

（5）掂：对被检查的物品用手掂其重量，看其重量与正常的物品是否相等，从而确定是否进一步检查。

（6）捏：主要用于对软包装且体积较小的物品，如洗发液、香烟等物品的检查，靠手感来判断有无异物。

（7）嗅：对被怀疑的物品，主要是爆炸物和具有挥发性的化工类物品，通过鼻子的嗅闻，判断物品的性质。基本动作应注意使用"扇闻"的方法。

（8）探：对有疑问的物品，如花盆和盛有物品的坛、罐等，无法透视，也不能用探测器检查，可用探针进行探查，判断有无异物。

（9）摇：对有疑问的物品，如用容器盛装的液体和佛像、香炉等中间可能是空心的物品，可以用摇晃的方法进行检查。

（10）烧：对有疑问的某些物品，如液体、粉末状、结晶状等物品，可取少许用纸包裹，然后用火点燃，根据物品的燃烧程度及状态等来判断其是否属于易燃易爆物品。

（11）敲：对某些不易打开的物品，如拐杖、石膏等，可用手敲击，听其发音是否正常。

（12）开：通过开启、关闭开关，检查手提电脑、手机等电器是否正常，防止其被改装为爆炸物。

以上方法一般不单独使用，常常是几种方法结合起来，以便能准确、快速地进行检查。

三、开箱包检查的操作步骤

（1）开箱包检查员站立在 X 射线检查仪的行李传送带出口处疏导箱包，避免过检箱包被挤压、摔倒。

（2）当有箱包需要打开检查时，X 射线检查仪操作员给开箱包检查员以语言提示，待物主到达前，开箱包检查员控制需打开检查的箱包，物主到达后，开箱包检查员请物主自行打开箱包，对箱包实施检查。如果箱包内疑有枪支、爆炸物等危险品，应由开箱包检查员控制箱包，并做到人物分离。

（3）开箱包检查时，开启的箱包应侧对物主，使其能通视自己的物品。

（4）根据 X 射线检查仪操作员的提示对箱包进行有针对性的检查。已查和未查的物品要分开，放置要整齐有序。

①检查箱包的外层时，应注意检查其外部小口袋及有拉锁的外夹层。

②检查箱包的内层和夹层时，应用手沿箱包的各个侧面上下摸查，将所有的夹层、底层和内层小口袋完整、认真地检查一遍。

（5）检查过程中，开箱包检查员应根据箱包内物品种类采取相应的方法（看、听、摸、拆、捏、掂、嗅、探、摇、烧、敲、开）进行检查。

（6）开箱包检查员将检查出的物品请 X 射线检查仪操作员复核。

①若属安全物品，则交还给旅客本人或放回旅客箱包，同时协助旅客将箱包恢复原状，再通过 X 射线检查仪对箱包进行复检。

②若为违禁物品，则做移交处理。

（7）若旅客声明携带的物品不宜接受公开开箱包检查时，开箱包检查员应将此物品交值班领导处理。

（8）若遇有旅客携带胶片、计算机光盘等不能接受 X 射线检查仪检查时，则应进行手工检查。

四、开箱包检查的重点对象

（1）用 X 射线检查仪检查时，图像模糊不清无法判断物品性质的。

（2）用 X 射线检查仪检查时，发现有类似于电池、导线、钟表、粉

末状、液体状、枪弹状物品的及其他可疑物品的。

（3）X射线检查仪图像中显示有容器、仪表、瓷器等物品的。

（4）照相机、收音机、录音录像机及电子计算机等电器。

（5）携带者特别小心或时刻不离身的物品。

（6）乘机者携带的物品与其职业、事由和季节不相适应的。

（7）携带者声称是帮他人携带或来历不明的物品。

（8）旅客声明不能用X射线检查仪检查的物品。

（9）现场表现异常的旅客或群众揭发的嫌疑分子所携带的物品。

（10）公安部门通报的嫌疑分子或被列入查控人员所携带的物品。

（11）旅客携带的密码箱包进入检查区域发生报警的。

五、开箱包检查的要求及注意事项

（1）开箱包检查时，物主必须在场，并请物主将箱包打开。

（2）检查时要认真细心，特别要注意重点部位如箱包的底部、角部、外侧小兜，并注意有无夹层。

（3）没有进行托运行李流程改造的要加强监控措施，防止已查验的行李箱包与未经安全检查的行李箱包调换或夹塞违禁（危险）物品。

（4）旅客的物品要轻拿轻放，如有损坏，应照价赔偿。检查完毕，应按原样放好。

（5）开箱包检查发现危害大的违禁物品时，应采取措施控制住携带者，防止其逃离现场。然后将箱包重新经X射线检查仪检查，以查清是否藏有其他危险物品。必要时，将其带入检查室彻底清查。

（6）若旅客声明所携带物品不宜接受公开检查时，安检部门可根据实际情况，避免在公开场合检查。

（7）对开箱包的行李必须再次经过X射线检查仪检查。

（8）X射线检查仪上安装有紧急断电按钮，在出现紧急情况时，按下这个按钮可使系统立即关闭。重新开机时，只要按出这一按钮并按下电开关即可。

六、开箱包检查的情况处置

（1）对查出的非管制刀具的处理：非管制刀具不准随身携带，可准予托运。国际航班如有特殊要求的，经民航主管部门批准，可按其要求进行处理。

（2）对查出的走私物品、淫秽物品、毒品、赌具、伪钞、反动宣传品等的处理：查出的走私物品、淫秽物品、毒品、赌具、伪钞、反动宣传品等应做好登记，并将人和物移交民航公安机关、海关等相关联检单位依法处理。

（3）对携带含有易燃物质的日常生活用品的处理：例如，医护人员携带的抢救危重病人所必需的氧气袋，凭医院证明可予以检查放行。

第二节　常见物品的检查方法

一、仪器、仪表的检查方法

对仪器、仪表，通常进行 X 射线检查仪透视检查。如果 X 射线检查仪透视检查不清，又有怀疑的，可用看、掂、探、拆等方法检查。看仪器、仪表的外表螺丝是否有动过的痕迹；对家用电表、水表等可掂其重量来判断；对特别怀疑的仪器、仪表可以拆开检查，清查里面是否藏有违禁物品。

二、各种文物、工艺品的检查方法

一般采用摇晃、敲击、听等方法进行检查，摇动或敲击时，听其有无杂音或异物晃动声。

三、容器中液体的检查方法

对液体的检查一般可采用看、摇、嗅、试烧的方法进行。看容器、瓶子的包装封口是否为原包装封口；摇液体有无泡沫（易燃液体经摇动一般会产生泡沫且泡沫消失快）；嗅闻液体气味是否异常（酒的气味香浓，汽油、酒精、香水的刺激性大）；对不能判别性质的液体，可取少量进行试烧，但要注意安全。

四、各种容器的检查方法

对容器进行检查时，可取出容器内的东西，采取敲击、测量的方法，听其发出的声音，分辨有无夹层，并测出容器的外高与内深、外径与内径的比差是否相符。若不能取出里面的东西，则可采用探针检查方法。

五、骨灰盒等特殊物品的检查方法

对旅客携带的骨灰盒、神龛、神像等特殊物品，若经 X 射线检查仪检查发现有异常物品时，可征得旅客同意后再进行手工检查；在旅客不愿意通过 X 射线检查仪检查时，可采用手工检查。

六、皮带（女士束腰带）的检查方法

对皮带（女士束腰带）进行检查时，看边缘缝合处有无再加工的痕迹，摸带圈内是否有夹层。

七、衣物的检查方法

衣服的衣领、垫肩、袖口、兜部、裤腿等部位容易暗藏武器、管制刀具、爆炸物和其他违禁物品。因此，在安全检查中，对旅客行李箱包中的可疑衣物要用摸、捏、掂等方式进行检查，对冬装及皮衣、皮裤等更要仔细检查。看是否有夹层，捏是否暗藏有异常物品（衣领处能暗藏一些软质的爆炸物品），掂重量是否正常。对衣物进行检查时应用手掌心进行摸、按、压，因为手掌心的接触面积大且敏感，容易查出藏匿在衣物中的危险品。

八、书籍的检查方法

书籍容易被人忽视，厚的书或捆绑在一起的书是可能被挖空而暗藏武

器、管制刀具、爆炸物和其他违禁物品的。检查时，应将书打开翻阅检查，看书中是否有上述物品。

九、笔的检查方法

看笔的外观是否有异常，掂其重量是否与正常相符，按下笔身的开关或打开笔身检查，看是否被改装成笔刀或笔枪。

十、手杖的检查方法

注意对手杖进行敲击，听其发声是否正常，认真查看外观，看是否被改装成拐杖刀或拐杖枪。

十一、雨伞的检查方法

雨伞的结构很特殊，因而劫机分子常在其伞骨、伞柄中藏匿武器、匕首等危险物品，以混过安全检查。在检查中，可用捏、摸、掂直至打开的方法进行检查，要特别注意对折叠伞的检查。

十二、玩具的检查方法

小朋友携带的玩具也有可能暗藏匕首、刀具和爆炸装置。对毛绒玩具进行检查时，要看其外观，用手摸查有无异物；对电动玩具进行检查时，可通电或打开电池开关进行检查；对有遥控设施的玩具进行检查时，可看其表面是否有被动过的痕迹，听其摇晃时是否有不正常的声音，掂其重量是否正常，拆开遥控器检查电池，看是否暗藏危险品。

十三、摄像机、照相机的检查方法

对一般类型的摄像机，可首先检查其外观是否正常，有无可疑部件，有无拆卸过的痕迹，重点检查带匣、电池盒（外置电源）、取景窗等部分是否正常，对有疑问的可让旅客进行操作以查明情况。对较复杂的大型摄像机，可征得旅客同意后进行 X 射线检查仪检查。对照相机的检查，可以询问旅客机内有没有胶卷（指使用胶卷的照相机），是否可以打开照相机；也可以掂其重量来判断，若机内装有爆炸物，其重量会不同于正常照相机。对有疑问的照相机，可以按快门试拍来判断。

十四、收音机的检查方法

对收音机的检查，一般要打开电池盒盖，抽出接收天线，查看其是否藏匿有违禁物品。必要时，再打开外壳检查内部。

十五、录音机的检查方法

对录音机的检查，首先观察其是否能够正常工作，必要时打开电池盒盖和带舱，查看是否藏有危险物品。

十六、手机的检查方法

对手机的检查，可用看、掂、开等方法进行。看其外观是否异常，掂其重量，若藏匿其他物品则会有别于正常手机，然后打开电池盒盖查看或开启、关闭开关来判断。

十七、手提电脑的检查方法

检查外观有无异常，掂其重量是否正常，可请旅客将电脑启动，查看其能否正常工作。对电脑的配套设备（鼠标、稳压器等）也要进行检查。

十八、乐器的检查方法

乐器都有发音装置。对弦乐器可采用拨（按）、听、看的方法，听辨其发音是否正常，能否正常发音。对管乐器材可请旅客现场演示。

十九、整条香烟的检查方法

整条香烟、烟盒和其他烟叶容器一般都是轻质物品，主要看其包装是否有被重新包装的痕迹，并掂其重量（每条香烟重量约为 300 g）来判断，对有怀疑的要打开包装检查。

二十、口红、香水等化妆品的检查方法

口红等化妆品易被改成微型发射器，可通过掂其重量或打开进行检

查。部分香水的外部结构在 X 射线检查仪的屏幕上所显示的图像与微型发射器类似，在检查时要看瓶体说明并请旅客试用。

二十一、粉末状物品的检查方法

粉末状物品的性质不易确定，可取少许用纸包裹，然后用火点燃包裹纸，通过观察其燃烧程度来判断其是否属于易燃易爆物品。

二十二、食品的检查方法

对罐、袋装的食品进行检查，可掂其重量，看是否与罐、袋体所标注的重量相符，看其封口是否有被重新包装的痕迹。察觉该物可疑时，可请旅客自己品尝。

二十三、鞋的检查方法

用看、摸、捏、掂等检查方法来判断鞋中是否藏有违禁物品。看，是观看鞋的外表与鞋的内层；摸，是用手的触感来检查鞋的内边缘等较为隐蔽之处，检查是否异常；捏，是通过手挤压的感觉来进行判断；掂，是掂鞋的重量，看是否与正常的鞋相符。必要时，可通过 X 射线检查仪进行检查。

二十四、小电器的检查方法

对于电吹风机、电动卷发器、电动剃须刀等小型电器，可通过观察外观、开启电池盒盖、现场操作的方法进行检查。对于钟表，要检查表盘的时针、分针、秒针是否正常工作，拆开其电池盒盖，查看是否被改装成钟控定时爆炸装置。

第三节 暂存、移交的办理

一、暂存

(一) 暂存的定义

对旅客携带的限制随身携带物品，安检部门可予以定期暂存。办理物品暂存时，要开具暂存物品单据并注明期限，旅客凭此单据在规定期限内领取。逾期未领的，视为无人认领物品，交由民航公安机关处理。

(二) 暂存物品单据的使用和填写

暂存物品是指不能由乘机旅客自己随身携带，而旅客本人又不便于处置的物品。暂存物品单据是指具备物主姓名、证件号码、物品名称、标记、数量、新旧程度、存放期限、经办人和物主签名等项目的一式三联单据。

在开具暂存物品单据时必须按照单据所规定的项目逐项填写，不得漏项。暂存物品单据一式三联，第一联留存，第二联交给旅客，第三联贴于暂存物品上以便旅客领取。安检部门收存的暂存物品应设专人专柜妥善保管，不得丢失。

暂存物品单据的有效期限一般为 30 天，逾期未领的，将视为自动放弃的物品，交由民航公安机关处理。

二、移交

(一) 移交的定义

移交是指安检部门在安全检查工作中遇到的按规定需要移交给公安机关或其他有关部门来审查处理的问题（应当连人带物一起移交），以及移交给机组来处理的问题的移交。移交时，要办理好交接手续，清点所有物品。

1. 移交公安机关

安检部门对在安检中查获的可能被用来劫（炸）机的武器、弹药、管制刀具等以及假冒证件，应当连人带物移交给民航公安机关来审查处理。移交时，应填写好移交清单，互相签字并注意字迹清晰，不要漏项。

2. 移交其他有关部门

安检部门对在安检中查获的走私的黄金、文物，以及贩运的毒品、淫秽物品、伪钞等，应当连人带物移交给相应的部门来审查处理。

3. 移交机组

旅客携带的物品属于《禁止旅客随身携带但可作为行李托运的物品》规定中所列的物品而来不及办理托运的，可按规定或根据航空公司的要求为旅客办理手续后移交机组，带到目的地后再交还给旅客。

（二）移交物品单据的使用和填写

移交物品单据是指具有旅客姓名、证件号码、乘机航班、乘机日期、起飞时间、旅客座位号、始发地、目的地、物品名称、数量、经办人、接收人等项目的一式三联单据。移交时，安检部门要填写三联单并让接收人签名后，将第一联留存，第二联交给旅客，第三联交安检部门接收人。移交单据应妥善保管，以便存查。

对旅客遗留的物品，安检部门要登记清楚数量、型号、日期，交专人妥善保管，方便旅客认领。

对旅客自弃的物品，安检部门要统一造册，妥善保管，经上级领导批准作出处理。

三、办理暂存、移交手续的程序

当安检人员将旅客及其物品带至暂存、移交手续办理台后，办理人员应根据相关规定为旅客不能随身带上飞机的物品办理暂存、移交手续。

（一）禁止旅客随身携带或托运的物品

安检中查获的枪支、弹药、军（警）用械具类、爆炸物品类、管制刀具、易燃易爆物品、毒害品、腐蚀性物品、放射性物品以及其他危害飞行安全的物品等，属于国家法律法规禁止携带的物品，应移交给民航公安机关来审查处理，并做违禁物品登记。

安检中查获的淫秽物品、毒品、文物、国家保护动物、走私物品等，应将人和物移交给由民航公安机关、海关等相关部门组成的联检单位来依法审查处理。

（二）禁止旅客随身携带但可作为行李托运的物品

对安检中查到的禁止旅客随身携带但可作为行李托运的物品（如超长水果刀、大剪刀、剃刀等生活用刀，手术刀、雕刻刀等专业刀具，剑、戟等文艺表演用具，斧、凿、锥、加重或有尖的手杖等危害航空安全的锐器和钝器，安检人员应告知旅客可作为行李托运或交给送行友人带回；如果来不及办理托运的，可为其办理暂存手续。办理暂存手续时，办理人员应告知旅客暂存期限为30天，如果超过30天无人认领，将视为自动放弃，交由民航公安机关处理。暂存物品收据一式三联，开具单据时，必须按照单据规定的项目逐项填写，第一联留存，第二联交旅客收留，第三联粘贴在暂存物品袋上。

同时，填写暂存物品登记表。

凡是国际航班的，办理人员还可根据航空公司的要求为旅客办理移交机组手续，填写换取物品单据，并告知旅客下飞机时凭此单据向机组索要物品。换取物品单据一式三联，第一联留存，第二联交给旅客，第三联贴于移交袋上。如果移交袋不能容纳，则可贴于被移交物品外包装上。开具单据时，必须按照单据规定的项目逐项填写。

如果旅客提出放弃该物品，安检人员可将该物品放入旅客自弃物品回收箱（筐）中。

（三）旅客限量随身携带的生活用品

安检中查到的限量随身携带的生活用品，安检人员可请旅客把超量部分交给送行友人带回或自行处理。对于携带的酒类物品，安检人员可建议旅客交给送行友人带回或办理托运。

如果旅客提出放弃，安检人员可将该物品放入旅客自弃物品回收箱（筐）中。

（四）暂存物品的领取及处理

旅客凭暂存物品单据在30天内领取暂存物品。物品保管员根据暂存物品单据上的日期、序列号找到旅客的暂存物品，经确认无误后返还给旅客。同时，物品保管员将旅客手中的暂存物品单据收回。

对于超过 30 天而无人认领的暂存物品，应及时上交公安机关处理。对于已经返还的暂存物品，要在暂存物品登记表上注销，并将暂存物品登记表同无人认领物品一并上交。

对旅客自弃物品，应定期回收处理。

（五）值班员兼信息统计员的职责

（1）每天在勤务结束后，办理人员将暂存物品、旅客自弃物品及暂存物品登记表上交值班员兼信息统计员。

（2）值班员兼信息统计员对办理人员上交来的暂存物品进行清点、签收，并保留暂存物品登记表。

（3）值班员兼信息统计员负责将暂存物品按日期分类，分别放置在相应的柜层中，方便以后旅客提取暂存物品时查找。

（4）值班员兼信息统计员还要负责对旅客自弃物品的收存。

思考题：

1. 简述开箱包检查的程序和方法。
2. 对各种容器如何进行检查？
3. 简述办理暂存、移交手续的程序。

第十三章 爆炸物品基础知识

爆炸物品具有威力大、破坏性强、易藏匿且仪器难识别的特点。为提高安检人员对爆炸物品的识别和处置能力，防止歹徒利用爆炸物品劫持、爆炸飞机或破坏机场，本章系统阐述爆炸物品的种类、性能、特征、识别及处理方法等基础知识。

第一节 炸药的一般知识

一、炸药爆炸的基本特征

爆炸是物质发生变化的速度急剧加快，在极短时间内释放出大量热量的现象。爆炸时温度与压力急剧升高，产生破坏或推动作用。就爆炸过程的性质来看，爆炸现象可分为物理爆炸、化学爆炸和核爆炸三大类。

凡是能在极短时间内剧烈燃烧并产生高温、高热和大量气体生成物的物质叫做炸药。炸药爆炸过程具有三个基本特征，即放出大量的热量、反应速度极快和产生大量的气体生成物。

（一）释放出大量的热量

化学反应过程中放出热量，这是第一个必要条件。有了这个条件，反应才能自行传播，而不需要外界的能量来维持反应的继续进行。因为要使分子产生化学反应，就必须供给能量使其活化。如果反应不具有放热性，那么前一层分子在外界能量作用下发生反应后，就不能引发下一层分子反应，反应便不能自行传播下去，这样的物质不能做炸药。

（二）反应速度极快

爆炸过程的高速度是炸药爆炸的必要条件，也是爆炸过程区别于一般化学反应过程的最重要标志。煤块在空气中燃烧时，可放出大量的热量，并生成气体，但因其反应慢而不能产生爆炸。如果将煤块粉碎成极细的煤粉并按一定比例使其均匀地悬浮在空气中，点火后便能产生爆炸。这是因为煤粉与氧气充分接触，反应非常迅速的缘故。爆炸过程进行的速度，是指爆轰波沿炸药直线传播的速度，这个速度称为炸药的爆速。一般炸药的爆速大约在每秒几千米到一万米之间。炸药的爆速与炸药爆轰时产生的化学反应速度，是既有区别又有联系的两个概念：爆速是指爆轰波沿炸药传播的速度，也就是化学反应区前进的速度；而炸药的化学反应速度是指在化学反应中放热的连锁反应的速度。化学反应速度越快的炸药，其爆速也相应越大。

（三）产生大量的气体生成物

因为炸药爆炸时对周围介质的作用是通过高温高压气体的迅速膨胀来实现的，所以，在反应过程中有大量气体产物形成也是一个重要因素。一升普通炸药在爆炸时可以产生一千升左右的气态产物。爆炸产生的气体产物，再加上快速性和放热性，这样在爆炸变化完成的瞬间，大量的气体仍占有原来炸药所占的容积，并被加热到高温，变成了高温高压气体。这种高温高压的气体就能够对周围介质产生猛烈的冲击作用。

综上所述，只有同时具备放热性、快速性和生成大量气体三个条件的反应过程，才具有爆炸性。放热性为爆炸变化提供了能源，快速性则使能量集中，生成大量气体是能量转换的工作介质，具备这三个特征的化学变化过程称为爆炸过程。

二、炸药及其分类

（一）炸药

1. 炸药的感度

炸药在外界作用下发生爆炸变化的难易程度，称为炸药的感度。容易爆炸的称为感度大或敏感，不容易爆炸的称为感度小或钝感。炸药感度大小，以引起炸药爆炸所需的最小起爆能量来表示。炸药的感度越小，所需的起爆能量越大。炸药在一定的外界作用下才能发生爆炸，能够引起炸药爆炸变化的能量称为起爆能。起爆能有以下几种：

(1) 机械能（冲击、针刺、摩擦、枪弹射击）。

(2) 热能（加热、火焰、火花）。

(3) 化学能（高热化学反应释放出的热量）。

(4) 电能（电热、放电）。

(5) 炸药的爆炸能。

为使炸药爆炸达到最高速度，必须给予足够的起爆能。如果起爆能不足，就不能引爆炸药或爆炸不完全。

2. 炸药的威力

它是指炸药爆炸时做功的能力。例如，爆破岩石，炸药的威力通常表现为所炸下的石方量的多少。炸药的威力越大，破坏的范围和体积就越大。威力取决于炸药爆炸时所产生的热量和气体的多少。

3. 炸药的猛度

它是指爆炸时粉碎与它接触的物体或介质的能力。例如，爆破岩石的猛度通常表现为粉碎岩石的能力，炸药的猛度越大，破坏的岩石就越碎。炸药的猛度主要与炸药的爆速有关，爆速越大，猛度也越大。

4. 炸药的爆速

爆轰波沿炸药直线传播的速度称为爆速。爆速主要与炸药的性质有关，同时还受许多因素的影响，如密度等。单质炸药的爆速是随着炸药密度的增加而增加的。硝铵炸药、机械混合炸药在通常条件下，起初爆速随密度的增加而增加，当密度的增加达到某一极限值时，爆速也就达到了某一最大值，以后若密度再继续增加，则爆速反而下降。

(二) 炸药的分类

炸药的品种很多，但它们的组成、物理性质和化学性质各不相同。炸药分类的方法主要有两种：一是按照炸药的组成及分子结构的特点分类，二是按照炸药的用途分类。

1. 按照炸药的组成及分子结构的特点分类

按照炸药的组成及分子结构的特点，可将炸药分成单质炸药和混合炸药两大类。

（1）单质炸药是指爆炸化合物，是一种单质成分的炸药。属于这类炸药的有硝化甘油、太安、梯恩梯、黑索今、特屈儿、硝化棉、苦味酚、雷汞及氮化铅等。

（2）混合炸药是指爆炸混合物，至少由两种独立的化学成分组成。混合炸药的化学组成成分主要有三种。

①氧化剂：它是一种含氧丰富的物质。其本身可以是非爆炸性的氧化剂，也可以是含氧丰富的爆炸化合物。

②可燃物：它是一种不含氧或含氧较少的可燃物质。其本身可以是非爆炸性的可燃物，也可以是缺氧的爆炸化合物。

③附加物：它是为了某些目的而加入的物质。例如，加入某些附加物用以改善炸药的爆炸性能、成型性能、机械力学性能，以及抗高低温、抗潮湿性能等。附加物本身也可以是非爆炸性物质或爆炸性物质。

2. 按照炸药的用途分类

按照炸药的用途，可将炸药分为起爆药、猛炸药、火药及烟火剂四大类。

（1）起爆药：起爆药是用以起爆猛炸药的药剂，是炸药中对外界作用最敏感的一类药剂。它在较小的外界作用（如撞击、针刺、摩擦、火焰、电热等）下就能产生爆炸（其变化速度可在很短的时间内增至最大值）而引起其他炸药发生爆轰。由于其爆轰成长期短，起爆猛炸药所用的药量很少。因此，起爆药常用来装填各种起爆器材和点火器材，如雷管、火帽等。起爆药由于被用来引爆其他炸药，故也称初级炸药、一次炸药、主发炸药或第一类炸药。常用的起爆药有氮化铅、雷汞、斯蒂酚酸铅、特屈拉辛、二硝基重氮酚等。

（2）猛炸药：因猛炸药爆炸时会对周围介质产生强烈的机械作用，所以常用来作为填装炸药，装填各种弹丸和爆炸性器材，如炮弹、航弹、鱼雷、水雷、地雷等。猛炸药的威力比起爆药大，感度比起爆药小，只有在较大的外界作用下才能发生爆炸，在实用上通常用起爆药来引爆。因此，猛炸药又称次发炸药、高级炸药、二次炸药或第二类炸药，在工程爆破中常称为破坏炸药。常用的猛炸药有梯恩梯、黑索金、太安、特屈儿、奥克托今、硝铵炸药、胶质炸药、塑性炸药等。

（3）火药：火药又称发射药。火药能在没有外界助燃剂（如氧气）参与下进行快速燃烧，产生高温高压的气体。常用的火药除黑火药外，用途较多的是以硝化棉、硝化甘油为主要成分，外加部分添加剂胶化而成的无烟火药。

（4）烟火剂：烟火剂包括照明剂、信号剂、燃烧剂、发烟剂、发光剂等。它们在燃烧时发生相应的烟火效应。烟火剂通常由氧化剂、金属粉或有机物及少量黏合剂混合组成。

三、各种常见炸药的性能及识别方法

（一）起爆药

1. 雷汞

它的化学名称为雷酸汞，由金属汞、稀硝酸、乙醇、盐酸和紫铜等制成。

（1）物理性能：雷汞为白色或灰色的结晶体。灰色雷汞主要是因为存在着有机杂质，但其爆炸性能与白色雷汞相似。雷汞难溶于水，含有10%的水分时只能燃烧而不能爆炸，含有30%的水分时甚至不能点燃，但其干燥后性质不变。雷汞是起爆药中感度最大的一种，遇轻微的冲击、摩擦、火花、火焰影响都能引起爆炸。雷汞在沸水中煮时，即行分解。雷汞不溶于一般的有机溶剂，易溶于乙醇、丙酮、氨及氨化钾的水溶液。

（2）化学性能：在干燥及常温条件下，雷汞不与金属作用；在潮湿情况下，雷汞与铜生成摩擦敏感的碱性雷酸铜，与镁铝合金发生强烈作用，与锌、锡、铝发生缓慢作用，与镍不发生作用。因此，装有雷汞的雷管外壳用铜或纸，而不用其他金属制作。雷汞与盐酸或硝酸作用时发生分解，与硫酸作用时发生爆炸，与强碱作用时即刻分解，与弱碱作用时分解缓慢。

（3）毒性：雷汞有甜的金属味，有毒。其毒性与金属汞相似。雷汞粉尘能使鼻、喉、眼的黏膜痛痒，长时期连续接触使皮肤发生痛痒，甚至引

起湿疹。

（4）销毁方法：戴好防毒面具和手套，充分浸湿后在不断搅拌下加入10%～25%的硝酸钠使其完全溶解。

2. 氮化铅

它由氮化钠和硝酸铅制成。

（1）物理性能：氮化铅为白色的粉状结晶体，吸湿性不同于雷汞，在潮湿的状态下也不失去爆炸性能。氮化铅难溶于冷水，微溶于沸水和硝酸钠、醋酸水溶液，易溶于乙醇、乙醚和氨水。

（2）化学性能：硫酸与氮化铅作用强烈，碱溶液能分解氮化铅，生成碱性氮化物。氮化铅长时间在水、酸和碱中煮沸时，会发生分解。在碳酸气的作用下，氮化铅会逐渐变成碳酸盐，敏感度降低。将氮化铅加热到200℃高温时，在短时间内发生分解，失去爆炸性能。氮化铅是起爆能力最大的一种起爆药，但感度比雷汞要迟钝得多，它与镍和铅不发生作用，装有氮化铅的雷管壳不用铜而用铅制成。

（3）毒性：氮化铅是一种有毒物质。尤其是氮氢酸为无色易挥发而有毒的液体，浓度很小的气态也能使人头晕，浓度大时甚至会使人停止呼吸。氮化铅水溶液能使皮肤腐烂。

（4）销毁方法：先湿润，再将收集起来的氮化铅用500倍的水浸湿，然后慢慢加入12倍量的25%亚硝酸钠，搅拌后，加入14倍量的36%硫酸，搅拌后再用水稀释。

3. 斯蒂酚酸铅

它的化学名称为三硝基苯二酚铅，由斯蒂酚酸（三硝基间二酚）、硝酸铅和碳酸氢钠化合而成。

（1）物理性能：斯蒂酚酸铅的外观为黄色、橙色、淡红色或棕色斜方形针状晶体。它在水中的溶解度很小，难溶于苯、甲醇等有机溶剂，微溶于酒精、乙醚和汽油，较易溶于浓醋酸。它在阳光下会变暗而分解，不挥发。

（2）化学性能：斯蒂酚酸铅遇硫酸或硝酸则分解产生相应的铅盐及斯蒂酚酸。与金属不发生作用，是斯蒂酚酸铅的特点，可装填于任何金属火工品壳体内。

(3) 毒性：斯蒂酚酸铅无毒。

(4) 销毁方法：用硫酸或硝酸溶解。

(二) 猛炸药

1. 梯恩梯

它属于芳香族硝基化合物，化学名称为 2,4,6-三硝基甲苯，也称 TNT，由甲苯用硝硫混酸分段硝化而制得。

(1) 物理性能：梯恩梯的外观呈无色针状或细小的柱状结晶，工业品梯恩梯为淡黄色鳞片状结晶。它在水中溶解度很小，易溶于丙酮、苯、甲苯等有机溶剂和硝酸。其溶解度随温度升高而增大。

(2) 化学性能：在常温下，梯恩梯对酸是稳定的，溶于冷浓酸中不发生反应，加水稀释时又析出。梯恩梯对碱是敏感的，与碱反应生成红色或棕色的敏感物。它不与金属及其氧化物作用，便于装药使用。它与不对称三硝基甲苯和亚硫酸钠作用非常迅速，还会被强氧化剂氧化。梯恩梯可以长期储存，在常温下储存 10 年，其性质不变。

(3) 毒性：梯恩梯有毒。其蒸气和粉尘通过呼吸道、消化道及皮肤接触而进入人体内。中毒分急性和慢性两种。

(4) 销毁方法：少量的可用燃烧的方法进行销毁。

2. 黑索金

它属于环状硝基胺炸药，化学名称为环三亚甲基三硝胺，也称 RDX。

(1) 物理性能：黑索金的外观呈白色粉状结晶，无臭无味。它几乎不溶于水，而溶于浓硝酸，难溶于甲苯、乙醚、苯、乙醇等有机溶剂，易溶于丙酮。因此，常用丙酮结晶来精制黑索金。

(2) 化学性能：它是一种中性物质，不与稀酸作用。浓硫酸在低温时不能溶解（不分解）黑索金，但用水稀释时又能析出。纯黑索金与金属不发生作用，与重金属（如铁和钢）的氧化物化合时，可形成不稳定的化合物。此化合物易分解，温度为 100℃时会着火。

(3) 毒性：黑索金有毒。它通过消化道、皮肤和呼吸道进入人体内，其中以消化道为主。中毒分急性和慢性两种。

(4) 销毁方法：加热分解。

3. 太安（泰安）

它属于支链多元醇硝酸酯炸药,化学名称为季戊四醇四硝酸酯,也称PETN。

(1) 物理性能:太安的外观呈白色结晶粉末,而钝化后的太安为玫瑰色,常形成针状或柱状晶体,但这种结晶的流散性差。太安可以在醋酸乙醇中再结晶,生成流散性较好的立方晶体。它几乎不溶于水,溶于丙酮、乙醇、乙酸乙酯,微溶于苯、甲苯、甲醇、乙醚、环乙醇等,最好的溶剂是丙酮。

(2) 化学性能:太安是中性物质。它与碱长期作用时,会使其皂化。它与金属不发生作用。它在温度为100℃的水中会发生水解。

(3) 毒性:太安有微弱的毒性。它能引起血压降低、呼吸短促,但因其蒸气压低且不溶于水,所以毒性不明显。

(4) 销毁方法:用10%~25%硫化钠溶液分批分解处理。

4. 硝化甘油

它的化学名称为三硝酸甘油酯,也称NG,由甘油与硝硫混合酸经酸化而制得。

(1) 物理性能:纯硝化甘油为无色或淡黄色的油状液体,其工业品为淡黄色或黄褐色,有水珠存在时呈乳白色,有甜味。它不吸湿,不溶于甘油,但溶于水。

(2) 化学性能:苛性碱易使硝化甘油分解为非爆炸性物质。比重为1:5以上的浓硝酸可与硝化甘油任意混合,但加热后能使其分解。

(3) 毒性:硝化甘油有毒,当吸入其蒸气或其液体溅在皮肤上时,会引起头痛。

(4) 销毁方法:放入18%的硫化钠溶液中。

5. 硝化棉

硝化棉或硝化纤维素都是纤维素的硝酸酯,也称NC。

(1) 物理性能:硝化棉为白色纤维状的固体物质,无臭无味。外形与原料纤维素相似,具有纤维的管状结构,不易卷曲,微显光泽,弹性较小,受压后不易恢复原状。加热时不溶化、不挥发,也不具有热塑性,吸湿不大,不溶于冷热水,可以长时间洗涤。它能溶解于许多溶剂中,如丙酮、硝化甘油、乙酸乙酯、醇醚混合液、二硝基甲苯等。

(2)化学性能：硝化棉对酸作用的稳定性比精制棉大得多。沸煮硝化棉，也不改变其性质。它对碱作用很敏感，碱能使硝化棉脱硝和氧化。碱的浓度愈大，温度愈高，作用时间愈长，反应愈厉害。

(3)毒性：硝化棉有毒。

6. 硝铵炸药

它是以硝酸铵为主要成分的混合炸药。

(1)物理性能：硝酸铵是一种化肥，外观常为浅黄色或灰白色，含氮量34.98%。纯硝酸铵为无色结晶，工业品中由于含有微量的铁盐和铁的氧化物而常带有淡黄色。它吸湿性很大，易溶于水，易结块，因此常用沥青和石蜡作为其防潮剂。

(2)化学性能：硝酸铵与金属发生作用后，生成硝酸盐和氮，与铜、铅、锌、镍等都能发生作用。它与铝、铁、锡及其氧化物不发生作用，所以在填装硝铵炸药时，通常用铝做工具器材。硝酸铵是强氧化剂。

(3)毒性：硝铵炸药有毒，腐蚀性很强。

(4)销毁方法：加水。

7. 液体炸药

液体炸药分为液态单质炸药和液态混合炸药两种。

(1)液态单质炸药——硝基甲烷，是一种挥发性的无色液体，能溶于水，能与所有的有机溶剂混合。硝基甲烷有毒。

(2)液态混合炸药——硝酸－硝基苯液体混合炸药，是浓度为为98%的工业硝酸和浓度98%的工业硝基苯，以72：28的重量比配成的液体混合炸药。它具有良好的爆炸性能，可代替一般工业炸药。在常温下，它为棕色透明液体，对金属有腐蚀性，有毒。

8. 塑性炸药

塑性炸药的种类很多，如塑1炸药、塑2炸药、塑4炸药（在国际上通常称为C族炸药）。它是以黑索金为主要成分，与非爆炸性的黏合剂、增塑剂混合而成。塑性炸药为白色或略带黄色，吸湿性小，在常温和相对湿度的情况下具有良好的可塑性。塑性炸药爆速极快，威力相当于TNT当量的112%~123%。塑性炸药的摩擦感度比TNT大，但枪弹贯穿不爆炸、不燃烧，可以捏成不同形状使用，便于伪装。正是由于它的这些特性，因而被恐怖分子广泛使用。

9. 黏性炸药

它以黑索金为主要成分，与非爆炸性的黏结剂、软化剂混合制成。黏性炸药的外观为浅红色发黏的面团状物质，在温度为27℃～50℃时不硬化、不渗透、不变质，稳定性较好。黏性炸药对撞击、摩擦的感度比TNT大，但枪弹贯穿不爆炸，可直接黏附于各种材料上实施爆炸。

10. 橡皮炸药

它以黑索金为主要成分、天然橡胶为黏结剂、硫黄等为配合材料制成。橡皮炸药的外观呈灰白色，其表面光滑、平整，能自由曲绕，不产生弹性变形和不出现萎缩现象。橡皮炸药在40℃～50℃以内使用，不变形、不老化，稳定性好。橡皮炸药对撞击、摩擦的感度比TNT大，但枪弹贯穿不爆炸、不燃烧。

（三）火药

1. 黑火药

火药也称黑火药，它是我国古代四大发明之一，是人类历史上最早出现的火药。黑火药是由硝石、硫黄和木炭按一定比例组成的机械混合物。它在燃烧时会产生大量的烟，故亦称为有烟火药。黑火药又可分为粉状黑火药和粒状黑火药两类。黑火药具有较大的吸湿能力，在民间被广泛用作烟火、爆竹等的主装药。

2. 无烟火药

它是继黑火药后发展起来的火药，在燃烧过程中很少有烟。无烟火药分为单基火药、双基火药和三基火药。单基火药是由硝化棉为单一成分的溶塑火药；双基火药是以硝化棉和硝化甘油两种主要成分组成的火药；三基火药是由硝化棉、硝化甘油及硝基胍组成的火药，主要用于枪、炮的发射药。双基火药和三基火药主要用于战术火箭弹、导弹、航弹等，作为它们的主装药、续航药、起飞药。

（四）烟火剂

烟火剂的爆炸形式主要是燃烧，而不允许产生爆轰。烟火剂通常由氧化剂、可爆物等组成机械混合物。例如，在由硝酸锌、硝酸镁及树脂组成的照明剂中，硝酸锌是氧化剂，镁是燃烧时发出明亮火焰的可燃物，树脂是黏合剂，也起钝化和可燃作用。

烟火剂主要用于装填各种烟火器材：

(1) 照明器材：用于夜间照射目标及地形。

(2) 信号器材：用于夜间或白天发放信号。

(3) 发光器材：用于修正射击。

(4) 发烟器材：用于施放烟幕。

(5) 燃烧器材：用于纵火。

(6) 试射弹及目标指示弹：用于试射及指示目标。

(7) 模拟器材：用于模拟弹药爆炸、武器射击等。

第二节　火工品

火药和炸药只有受到一定的外界能量作用后才会发生爆炸变化。火工品（火具）就是一种用以激起火药和炸药发生爆炸变化的专用制品。它主要用来点燃发射装药和起爆爆炸装药。

一、火工品的分类

根据火工品作用时产生爆炸的不同形式，火工品分为点火器材和起爆器材。点火器材的火工品有火帽、电点火具、拉火管和导火索等。起爆器材的火工品有引信雷管、工程雷管（火焰雷管、电雷管、延期雷管和针刺雷管）、导爆索等。

(一) 点火器材火工品

1. 火帽

它内装感度灵敏的摩擦药或击发火药，受到外界作用时可以产生火焰。火帽按用途可分为药筒火帽和引信火帽。

(1) 药筒火帽：应用于枪、炮、弹的底火中。

(2) 引信火帽：应用于炮弹、航弹、地雷等的引信中。按尺寸大小，可以把引信火帽分为专用小型火帽和小型、中型、大型火帽。

2. 导火索

导火索又名导火线,以黑火药粉(粒)为药芯,以棉线、导火索纸等为包缠物,以沥青为防潮剂而制成。其外观为白色,用火焰点燃,用于传递火焰、引爆雷管,也可直接引燃黑火药。它的燃烧速度在正常状态下为 100 m/s~125 m/s,喷火强度的有效距离不小于 50 mm。导火索防潮性强,将导火索放入水中浸 5 h 后,其燃烧速度仍为 95 m/s~125 m/s。

3. 拉火管

拉火管由拉火帽(内装发火药)、管壳(纸或塑料)、拉火丝、摩擦药和拉火杆等组成。拉火帽和拉火丝由金属制成。拉火管主要用于点燃导火索。在特殊情况下,也可直接引爆雷管以起爆炸药,或直接引爆黑火药药包。

(二)起爆器材火工品

1. 雷管

雷管按用途,可分为工程雷管和引信雷管。

(1)工程雷管:用于各种爆破工程中。

(2)引信雷管:用于各种弹药的起爆引信中。

雷管按引起爆轰的激发冲能的形式,可分为火焰雷管、针刺雷管和电雷管。

(1)火焰雷管(也称燃发雷管):它是由导火索、火帽、延期药、扩焰药的火焰而发生爆炸作用的。

(2)针刺雷管(也称刺发雷管):它是由击针的刺击而发生爆炸作用的。

(3)电雷管:它是由各种形式的电能而发生爆炸作用的。

雷管按作用时间可分为瞬发雷管和延期雷管(秒延期、毫秒延期)。

2. 导爆索

它用黑索金作为药芯,以棉麻纤维及导火索纸为包缠物,以沥青作为防潮剂而制成,其外观为红色、绿色或两条红螺旋形线。导爆索用 8 号雷管引爆,其爆速为 6500 m/s,主要用于引爆单个药包或同时引爆药包群。导爆索不吸湿,在水中浸泡 24 h 也不影响其引爆作用。

二、火工品的用途

火工品在弹药中的应用，大致有以下几个方面：

（1）在各种弹药（枪、炮和火箭弹）中，用于点燃各种发射装药。

（2）在照明弹、燃烧弹、宣传弹和跳雷弹中，用于点燃抛射装药。

（3）在引信中，作为控制引信作用的时间元件。

（4）在引信中，还用于起爆传爆药柱或直接起爆爆炸装药。

（5）在工程爆破中，用于传爆或起爆炸药包。

第三节　爆炸装置

一、爆炸装置的组成

常用的爆炸装置（爆炸物）有很多种，其性能各异，形状、尺寸、重量也各不相同，但都主要是由主装药、发火装置（引信）、外壳三部分组成。爆炸装置按制式可分为制式和非制式两类。

（一）制式爆炸装置

制式爆炸装置通常由三个火工元件组成。

（1）转换能量的火工元件，包括火帽和雷管。

（2）控制时间的火工元件，包括延期管和时间药盘。

（3）放大能量的火工元件，包括加强药柱和传爆管。

（二）制式爆炸装置组成的一般规律

（1）瞬发引信的第一火工元件一般为雷管（火焰雷管除外）。

（2）火药延期引信和药盘（包括自炸药盘）延期引信的第一火工元件为火帽。

（3）延期管和时间药盘，一般设有加强药柱，使火焰雷管可靠起爆。

（4）气孔延期药不用延期药和加强药柱，让火焰经过空腔和小孔直接引爆雷管，可得到千分之几秒的延期时间。

（5）为增强发火可靠性，有时采用两个拉火帽、两根导火索和两个火焰雷管来同时起爆。

（6）导爆药柱和传爆管用来逐级放大雷管输出的爆轰，使主装药完全起爆。

（三）非制式爆炸装置

非制式爆炸装置的特点是制造容易、就地取材、形式多样、简单巧妙、识别困难。它与制式爆炸装置一样，由主装药、发火装置（引信）和外壳组成。非制式爆炸装置的主装药多采用梯恩梯、硝铵炸药和黑火药等。

二、爆炸装置的分类

（一）制式爆炸装置的分类

制式爆炸装置的形式多样、品种繁多，主要从爆炸装置的基本构造和发火原理来分类。

1. 机械发火引信爆炸装置

（1）压发引信。它由引信体、压帽、触角、压发杆、击针、击针簧、火帽保险销等组成。控制装置使击针的细部被压发杆的卡槽卡住，击针簧被压缩呈待发状态。当压帽或压帽上的触角受到 9 kg 以上的压力时，压发杆下降，圈孔正对击针，击针失去控制，在击针簧弹力的作用下，冲击火帽而发火。

（2）拉发引信。它由引信体、拉火杆、击针、击针簧、火帽和上下保险销等组成。设置后，抽出上下保险销，由于拉火杆的尾部插在击针杆的裂叉头内，使裂叉头张开被引信体的束孔卡住，击针被压缩不能下降，呈待发状态。当拉火环受到 2 kg～2.5 kg 的拉力时，杆的尾部从击针杆的裂叉头内拉出，此时裂叉头收缩，击针失去了孔的控制，在击针簧弹力的作用下，冲击火帽而发火。

（3）松发引信。松发引信由引信体、固定座、击发杆、弹簧、击针、火帽和上下保险销等组成。设置时，引信上部的活闩一端挑起击发杆，另一端用上保险销控制在固定座上，压上 1 kg 以上的重物，抽出上下保险销，即呈待发状态。当移开引信上的重物时，击发杆失去活闩的控制，在弹簧弹力的作用下打击击针、冲击火帽而发火。

2. 化学引信爆炸装置

化学延期引信由引信体、酸液玻璃瓶铜管、支撑金属丝、击针、击针簧、火帽和指示保险片等组成。正常状态下，击针被支撑金属丝控制，弹簧呈压缩状态。使用时，用钳子将铜管夹扁，以致玻璃瓶破裂，酸液开始腐蚀支撑金属丝，当支撑金属丝被腐蚀得很细而不能适应击针簧的张力时就会被拉断，击针失去控制，冲击火帽而发火。其延长时间的长短，根据酸液的浓度和气温而定，延期时间最短的为 3 分钟，最长的可达 23 个昼夜（552 h）。

3. 电发火引信爆炸装置

（1）压发电引信。平时电雷管的一端与电池的一极相连，另一端连接在开闭器的控制板上。电池的另一端连接在开闭器，中间用弹簧支撑，电路断开。当上板受到一定压力时，上板下降，上板上的金属片与底板上的金属片相接形成回路，电雷管爆炸。

（2）松发电引信。平时电雷管的一端与电池的一极相连，另一端连接在开闭器的孔里，压发杆由弹簧支撑。当压发杆上放置一定的重物时，推动弹簧伸张，压发杆上移，使压发杆中间突出部的金属片与控制板上的金属片形成回路，电雷管爆炸。

（3）拉发电引信。松发电引信可改进为拉发电引信，压发杆的移动由拉火栓控制。当拉火栓受到一定的拉力时，拉火栓被拉出，弹簧伸张，压发杆上移，压发杆中间突出部分的金属与控制板上的金属片相接，形成回路，电雷管爆炸。

（二）非制式爆炸装置的分类

非制式爆炸装置从制作上来讲可分为两类：一类是利用制式的枪弹、炸药、雷管等做成；另一类是因地制宜、就地取材制作的。

1. 书本炸弹

将一本书中间挖空，安装上电池、雷管、弹簧圈及炸药，并安装上松发引信或拉发引信。当打开书的封面时，它便爆炸。

2. 电筒炸弹

它分为两种。一种是电点火的，将电池和电雷管连接在电筒开关上，电筒内装上炸药，当推开电筒开关时便爆炸；另一种是点火引爆的，在电筒内装上炸药、导火索，打开电筒的反光镜，划燃火柴来点燃导火索而发生爆炸。

3. 钟表定时爆炸物

（1）将两块导电金属片和钟表分别固定在一块木板上，两块金属片分别接通电池及雷管，并连接至炸药。然后，将一根细绳拴在一块金属片上，并和钟表上闹铃发条的旋钮相接。铃响时，旋钮便拉紧绳子，两块金属片相接导电而引起爆炸。

（2）将电点火爆炸物线路的一端接在闹钟壳体上，另一端插在钟表面的适当位置上，当指针转动接触到后端时，接通电路，产生爆炸。将电点火爆炸物线路的一端接在闹钟壳体上，另一端接在闹钟的闹铃发条旋钮上或闹铃上，当闹钟响铃时，两端接通，产生爆炸。

4. 收录机爆炸物

电雷管分别与录放音头上的电极片、机体内的水银开关、机盖上的反拆卸电开关连接在一起。机体内装有电池供收录机广播和起爆电雷管，当录音磁带放完打开盖或搬动机体造成倾斜时，均会接通电路而引起爆炸。

5. 瓶子自制爆炸物

瓶内装有液体炸药，将拉发摩擦引信连接在木塞上，当打开瓶子时引起爆炸。

制造非制式爆炸物可利用的东西很多，如水壶、食品铁皮盒、烟斗、钢笔等，在检查中要特别注意。

三、爆炸装置的识别与处理

（一）爆炸装置的识别

1. 手工检查法

一般通过眼、耳、手等感官的感觉和借助简单工具，检查可疑物品和可疑部位有无暗藏的爆炸装置。要特别注意犯罪分子可能将爆炸装置拆开后分别带上飞机，登机后再进行组装。因此，检查中应注意，只要发现与爆炸物有关的部件，哪怕是一节电池、一根导线、一点炸药，也要追查到底。

2. 技术检查法

（1）X射线透视法。利用X射线透视检查可疑物品内是否暗藏有爆炸物，是一种比较可靠的方法。借助于检查仪器来发现爆炸物可以大大提高发现率，特别是对爆炸物的金属部件较为有效。目前来看，用纯粹非金属制成的爆炸物还不多，也不容易。因此，要充分利用X射线透视检查和其他方法进行识别。X射线对密度不同的物质贯穿的强度不同，在荧光屏上会出现明暗不同的影像：同样厚度的物质，密度大的影像较暗，密度小的则影像较明亮。对暗藏爆炸物的物品进行X射线透视检查时，由于爆炸装置外壳、引信、雷管、电池、导线等部件的物质密度较大，而且各个形状与一般日用品不同，在荧光屏上会出现较暗的影像，根据各个影像的形状、明暗度和它们的相互位置关系，可以查明爆炸装置的种类、构造及在物品内的位置。对一种可疑物品可通过几种不向角度进行透视检查，得出较正确的结论。

（2）炸药探测器。PD2型炸药探测器主要用于检查爆炸装置。通过吸入爆炸装置中的炸药散发在空气中的炸药分子来与氮气发生作用，以显示数字或产生声音来报警。PD2型炸药探测器由手持传感器、一套可变探测头、电池和氢气钢瓶组成。传感器装置的气体开关有一个放射源，放射量大约18 kV。检测是通过蒸气进行的。探测器的正常工作周期为3.5 s，前2 s为空气取样，后1.5 s对空气进行分析，分析结果用数字显示。探测器对检测到的气体在进行分析的同时，也同步被自身的辅助气体清洗干净。因此，可以立即进行下一周期的工作。每一周期的分析完成后，用两位数字以闪烁显示表明爆炸物气体的能量。如果能量超过规定的标准，探测器将报警。必要时，也可通过耳机来监听报警。

（3）化学喷显法。化学喷显法是利用化学显色反声的原理制成喷雾显色剂，与微量炸药作用时能产生特殊颜色，用来识别或判断炸药存在与否的方法，简称喷显法或喷显技术。目前我国已研制出两种喷显剂，即TNT喷显剂和RDX及硝酸酯类喷显剂。使用喷显剂的优点：速度快，常温下8 s~15 s完成反应；灵敏度高，炸药限量0.2 kg；误报率低，抗干扰性强；便于携带，使用方便。

（4）电子听诊器。电子听诊器主要是用来检查可疑物品和可疑部位内是否暗藏有机械定时爆炸装置，听机械摆动声音，同医学上所用的听诊器的原理相同。

（二）对爆炸装置的处理

1. 处理爆炸装置的原则

（1）爆炸装置是具有较大杀伤力的装置，万一爆炸，将引起严重的后果。因此，在处置爆炸装置（包括可疑爆炸物）时要慎重。

（2）要尽可能不让爆炸物在人员密集的候机楼内爆炸，万一爆炸也要尽可能最大限度地减少爆炸破坏的程度。同时，要千方百计地保障旅客、民航工作人员和排爆人员的安全。

（3）发现爆炸装置（包括可疑爆炸物）后，应禁止无关人员触动，只有经过专门训练的专职排爆人员，才可以实施排爆。

2. 处理爆炸装置的准备工作

（1）建立排爆组织。如果决定要对爆炸装置进行处置，就要成立排爆小组。除领导指挥外，要由有防爆专业知识和有经验的专职排爆人员实施。另外，还要组织医护、消防抢救小组，使其处于待命状态。

（2）准备器材。排除爆炸装置是一项危险性极大的工作，为保障排爆人员生命安全，应尽可能利用一些防护器材和排爆工具。防护器材主要有机械手、防爆筐（箱）、防爆毯、防爆服、防爆头盔等，也可用沙袋将爆炸物围起。排爆工具主要有钳子、剪子、刀具、竹签、长棍、高速水枪、液态氮。

（3）清理现场。

①打开现场的全部门窗，万一爆炸，冲击波能得到充分的释放。

②严禁无关人员进入排爆现场。

③转移排爆现场附近的仪器设备，为了减少损失，可将爆炸物用沙袋围起来。

④清除爆炸物周围的铁器等硬质物体。

（4）确定排爆地点和转移路线。

①排爆地点应选择在远离飞机、建筑物、油库、管道、高压线等地方，排爆地点应事先筑好排爆掩体等设施。

②转移路线应尽量避开人员聚集地、重要设施、交通要道等；转移时

应尽量使用防爆罐，若转移的路线较长，则应使用防爆车或特别的车辆进行运输转移。

(5) 疏散无关人员。

即使是最有经验的排爆人员，用最有效的排爆器材和工具去处置爆炸物，也难以百分之百地保证爆炸物不爆炸。因此，在处置之前应考虑疏散无关人员。疏散之前，应大致判断一下爆炸物。首先判断爆炸物的真假，以决定是否疏散人员；然后判断其威力，以决定在多大程度、多大范围内疏散人员。疏散方式有三种：

①不撤离。当某件被怀疑为爆炸物的物品有明显证据证明是非爆炸物，判断其几乎没有多大杀伤力时，可以不疏散旅客和其他人员，只做适度的警戒。

②局部撤离。当某件物品被确认为爆炸物，但威力不是很大时，可以对旅客和其他人员在一定范围内进行疏散。

③全部撤离。当判断爆炸物的威力很大时，要撤离飞机和建筑物内的全部人员。

3. 处置爆炸装置的程序

(1) 对爆炸物的判断。真假的判断，威力的判断，是否有定时装置的判断，是否有水平装置的判断，是否有松、压、拉等机械装置的判断，是否有其他防御装置的判断。

(2) 对爆炸装置进行处置。处置爆炸物的首要条件是查清爆炸物的结构，根据其结构特点和爆炸物所处的地域，灵活运用不同的方法。爆炸物的处置通常由专业人员实施，处置的方法有三种：一是就地销毁法，二是就地人工失效法，三是转移法。

①就地销毁法：如果确定爆炸物不可移动，那么就应该采用就地引爆的方法进行销毁。为了减少损失，销毁时可将爆炸物用沙袋围起来。

②就地人工失效法：失效法是对处于危险状态的延期和触发式爆炸物，首先使其引信失去功能，再对整个爆炸物进行拆卸，使引信和弹体（炸药）分开的方法。

③转移法：当爆炸物位于候机楼和飞机等主要场所，并装有反拆卸装置，而且无把握进行人工失效时，可将爆炸物转移到安全的地方进行处理。

思考题：

1. 简述爆炸物品的特征。
2. 机场通过哪些方式来识别爆炸装置？
3. 简述处理爆炸装置的程序。

第十四章 安检紧急情况处置方案

第一节 紧急情况处置的原则和任务

有效的地面安全措施可以遏制劫（炸）机等突发事件，这是20世纪70年代以来各国采取强有力的安全检查措施所取得的明显成效。但是，我们也应看到，当前世界上的劫（炸）机事件仍不断发生，一些航空事业发达、机场防范严密的国家也不能幸免。因此，各机场都有必要根据本机场的具体情况建立应急机构，制订处置各种紧急情况的应急计划，并组织人员、机构不断进行演练，以提高应急处置能力。

一、紧急情况处置的基本原则

紧急情况的发生原因非常复杂，并且由于时间紧迫和其突变性大、危险性大、涉及面广，从而给处置工作带来许多困难，让指挥员和参加处置的人员往往没有仔细考虑和研究的时间。为了保证安检部门在执勤现场或相关区域发生各类紧急情况时，能够迅速、有效、协调、统一地开展各项应急处置工作，确保空防安全，尽力避免或最大限度地减少人员伤亡和财产损失，在最短的时间内恢复正常的安检工作，就必须根据平时制订的预案，结合当时的具体情况，灵活、果断地进行处置。处置紧急情况和拟定紧急情况处置预案应遵循以下基本原则。

（一）安全第一的原则

安检部门在制订紧急处置预案或处置紧急情况时，要从保障民用航空安全出发。具体来讲，就是要以保障旅客及机组人员的生命安全为基本前提，同时还要最大可能地考虑参与处置人员自身的安全，尽量避免不必要的人员伤亡，使预案真正体现保障安全的宗旨。

（二）和平解决与武力解决相结合的原则

和平解决，是通过政治攻势，与歹徒进行谈判，对其加以说服，使其终止犯罪行为。武力解决，是在谈判不成，或不必谈判，非武力不能解决而采取强制措施加以解决。用什么办法解决，要根据当时的具体情况，由指挥员报告有关决策机构作出决断。

（三）临危不惧、机警灵活的原则

紧急情况都是在瞬间突然发生的，常常出乎人们的意料。当紧急情况发生时，往往容易使人惊慌失措。因此，作为安检人员来说，既要有临危不惧的大无畏气魄，又要有遇事沉着冷静、机警灵活地处置各种突发事件的能力，使各种紧急情况得到妥善、及时的处置。

（四）迅速、及时的原则

处置突发事件，贵在及时。紧急情况的发生，往往会在瞬间造成财产损失甚至人员伤亡，能否处置成功，关键要看指挥员和参与处置的人员能否把握好时机，在事件发生的初期或事件发生之前，采取及时、果断的措施迅速加以处置，制服歹徒，防止灾难性后果的发生。

（五）服从命令、听从指挥、协同作战的原则

处置突发事件，必须由纪律严明、训练有素的专门人员实施。紧急情况发生后，参与处置的人员必须服从命令、听从指挥，防止处置工作中出现漏洞，或因私自行动而影响整个处置工作的顺利实施。

二、安全检查部门在紧急情况处置中的任务

在应急救援小组的统一领导下，协助机场其他单位，做好维护现场秩序、疏散旅客、协助公安和武警抓获制服犯罪分子、抢救伤员以及搞好现场替代等工作，为处置紧急情况创造良好的条件。

第二节　安检部门应急预案

一、安检部门紧急情况处置人员的组成

(1) 安检部门领导负责组织指挥本部门各单位的工作。
(2) 安检现场执勤的安检科、监护科的部分人员。
(3) 安检部门机关人员。
(4) 保障车辆的司机。

二、紧急情况的种类及处置方案

1. 犯罪分子携带凶器、炸药劫持人质，强行闯入隔离区时的处置方案

(1) 发现情况迅速报告值班领导，值班领导立即报当天省（区、市）局、机场值班领导，并及时通报公安值班民警。
(2) 值班领导迅速组织监护科和安检科的职工各自把好自己的关口。
(3) 安检科的任务：
① 停止安全检查，立即封闭检查通道，对未检旅客进行疏散。
② 疏散安检现场的旅客，设法稳住罪犯。
③ 依据上级指示协助公安、武警部队制服歹徒。
(4) 监护科的任务：
① 部分监护人员协助安检科疏散旅客。
② 加强飞机监护和隔离区的警戒。
③ 把好各通道，禁止无关人员进入现场。
④ 依据上级指示迅速增援安检现场。

2. 候机厅发生爆炸、火灾或者遇到强烈地震时的处置方案

(1) 发现情况，立即报告值班领导，值班领导立即报告上级值班领导并通报公安、消防部门。

（2）值班领导迅速组织当天值班人员赶赴现场。

（3）部分人员负责疏散隔离区旅客，协助有关部门抢救伤员、病号、老人、小孩。

（4）协助有关部门做好其他工作。

（5）依据上级指示做好善后工作，收集上报有关情况。

3. 遇劫飞机迫降本机场或犯罪分子在本机场停机坪强行登机时的处置方案

（1）接到上级通报后立即按机场应急方案要求，集合有关人员迅速赶往现场。

（2）停止对旅客、行李的检查工作，疏散旅客，封闭检查通道，维护好隔离区、候机厅的秩序。

（3）协助公安、警卫部门加强警戒，严禁无关人员靠近飞机。

（4）监护科加强对其他飞机的监护，防止犯罪分子乘机破坏。

（5）监护科协同其他部门在飞机周围设置障碍，防止飞机滑行或再次升空。

（6）安检人员按上级指示协助有关部门做好其他工作。

（7）部分安检人员协助医务人员抢救伤员。

（8）收集情况，上报有关部门。

具体情况下的应急方案分别按省（区、市）局或机场的一、二、三级应急方案的要求进行。

第三节　案例分析

1. 发现隔离区内有一无人认领的包裹，应如何处理？

解决方法：对包裹进行监看；报告值班领导；在确定包裹不属于危险品后，做进一步检查；寻找失主。

2. 在证件检查岗位上执行检查任务时，发现一名男性青年旅客证件上的资料与被布控人员完全一样，应如何处理？

解决方法：不动声色，通知其他人对嫌疑人人身及行李物品进行从严检查；报告值班领导。通过检查，未发现异常情况，仍应对其身份做进一步核实：确定是被布控人员，交民航公安机关处理；不是被布控人员，检查后放行。

3. 在检查岗位上遇有旅客声称携带炸弹，应如何处理？

解决方法：首先制服嫌疑人并报告值班领导；对其人身及行李物品进行从严检查；不管是否有炸弹（如没有炸弹，属散布虚假信息），都应做好登记，并交民航公安机关处理。

4. 一名旅客声称自己装有心脏起搏器，应如何处理？

解决方法：请其出示医院证明；对其人身进行正常手工检查，检查无疑点后放行。

5. 执行检查任务时，在一名旅客的钱包里发现一小包白色粉末，应如何处理？

解决方法：查问该物品性质；对其人身及行李物品进行从严检查；将物品送交民航公安机关做进一步检验，并对该旅客做好监控措施。如果检查结果与该旅客所说的一样，不属于危险物品，则可放行；如果属于危险物品，则应把人和物一起移交给民航公安机关处理。

6. 在人身检查岗位上执行检查任务时，有一位小孩通过安全门时发生报警，小孩的家长一再声称小孩身上没有东西，认为不应该检查小孩，应如何处理？

解决方法：耐心向旅客做好解释工作，并对小孩进行正常检查。没有违禁物品的可放行；查出违禁物品的，可把人和物一起移交给民航公安机关处理。

7. 在检查岗位上查出一位男性青年旅客身上携带电击器一个，应如何处理？

解决方法：首先将人与物分离，并对该旅客采取监控措施；然后报告值班领导；对其人身及行李物品进行从严检查，并在登记后交民航公安机关处理。

8. 在执行开箱包检查时，开箱包检查员在一名旅客的行李内检查到几本"法轮功"书籍，应如何处理？

解决方法：对其人身及行李物品进行从严检查，并做好登记，然后将书籍及旅客交民航公安机关处理。

9．在执行开箱包检查时，遇有一名旅客企图动手抢回开箱包检查员检查出来的管制刀具，应如何处理？

解决方法：立即制止该旅客的行为，并对刀具和该旅客实施监管措施；如果遇到反抗即将其制服；对其人身及行李物品进行从严检查；报告值班领导；做好登记后，交民航公安机关处理。

10．在执行开箱包检查时，在一名公安人员的行李内查获藏于茶杯内的拇指铐一副，应如何处理？

解决方法：请其出示有效证件；无论其能否出示有效证件，均对其人身及其他物品进行严格检查；报告值班领导；做好登记后，交民航公安机关处理。

11．在执行开箱包检查时，开箱包检查员在一名旅客的行李内检查出少量医用酒精，应如何处理？

解决办法：询问其携带酒精的原因，检查医院开具的证明，报告值班领导。告知该旅客该物品属易燃易爆物品，不许携带，可做退回处理或暂存处理。如果该旅客提出放弃，办理人员应将物品放入旅客自弃物品回收箱中。

12．在执行开箱包检查时，有一名旅客携带的骨灰盒经 X 射线检查仪检查发现有异常物品，应如何处理？

解决办法：在征得该旅客同意后进行开箱包检查或退回处理。若确有违禁物品，则交民航公安机关处理。

13．发现查控对象时，应如何处理？

解决方法：发现被通缉的犯罪嫌疑人时，要沉着冷静、不露声色，待其进入安检区后，按预定方案处置。同时，报告值班领导，并尽快与布控单位取得联系。将嫌疑人移交布控单位时，要做好登记，填写移交清单并双方签字。对同名同姓的旅客，在没有十分把握的情况下，应交民航公安机关处理。

14．出现混流情况时，应如何处理？

解决方法：一旦出现未经过安全检查的人员、物品与候机隔离区内人员接触的情况,必须立即停止检查,暂时关闭检查通道,及时报告值班领导。组织人员对候机隔离区进行清场,所有旅客和物品必须重新接受安全检查。通知监护人员封闭廊桥,加强对飞机的监护。同时,做好旅客的引导和解释工作。

思考题:

1. 简述紧急情况处置的基本原则。
2. 候机厅发生爆炸、火灾或者遇到强烈地震时,应怎样处置?

第十五章 常见违禁品X射线图像特征及危险品基本知识

第一节 常见违禁品的X射线图像特征

一、枪支弹药类的X射线图像特征

（一）枪支

枪支一般由金属或塑料材质制成。金属枪图像轮廓明显且颜色较深，正放、直放或斜放图像都可通过结构和外观特征来识别，如握柄、枪管、护环和准星等。塑料枪材质密度较小，其图像颜色较浅且轮廓不明显。正放图像可通过轮廓和内部金属特征来识别，如螺旋形弹簧、金属铁块、金属螺钉等；直放图像可通过外形和内部特征识别，如金属螺钉、弹簧等；斜放图像根据摆放角度不同，呈现的图像形状各异，但仍能看到金属螺钉、弹簧等。

（二）普通子弹

普通子弹正放图像轮廓明显，弹头一般呈黑色，形状为尖头或圆头，弹壳呈蓝色，弹壳底部呈较粗直线状；直放图像呈黑色圆形，可利用图像加亮键识别；斜放图像呈圆锥状，综合其外观结构特征较易辨别。普通子弹可通过寻找图像中的最黑点，利用其结构及比例大小特征来识别。

（三）散弹和901钢珠防暴弹

散弹与普通子弹区别较大，外观可看到红色或蓝色塑料弹壳和银色底部。由于弹壳为塑料材质，所以在图像中不明显。正放图像弹头呈黑色块状，中间火药呈淡黄色，底部呈绿色；直放图像弹头呈黑色圆形，弹头外部有绿色圆环；斜放图像呈圆柱状，弹头呈黑色，边缘可见颗粒状钢珠，底部呈绿色圆形，其圆心是底火部分。

901钢珠防暴弹外观与散弹相似，呈短粗圆柱形，一头稍粗一点，正放时整个图像呈黑色圆柱体，斜放图像与正放图像相似。

二、军（警）用械具类的X射线图像特征

（一）电击器

电击器外形一般为长方体或圆柱体，尺寸有大有小，外壳一般都由塑料制成。正放图像可以看到蓝色电源（电池）、升压装置（变压线圈或电容）及黑色电击点（有的是两个或三个触头，有的是金属圆环）；直放图像可通过黑色圆环状电击点或点状电击点识别，两者中间图像颜色大部分呈黑色；斜放图像可通过电池、升压装置和电击点的部分特征识别。X射线检查仪操作员在图像识别过程中，应特别注意某些小电器与电击器的区别，如电动剃须刀、数码相机、收音机等。

（二）手铐和拇指铐

手铐和拇指铐外观颜色为银色或黄色，主要结构由扣环和锁头组成。正放图像极易辨认。直放图像，手铐扣环和锁头呈两头黑色直线状，中间由圆环相连，扣环有间隙；拇指铐呈一条较粗的黑色直线状，扣环有间隙。斜放图像，手铐较易识别；拇指铐与金属柄折叠刀相似，但两端都有间隙。

（三）催泪瓦斯

催泪瓦斯外观为圆柱状瓶体，一般由金属铝制成，尺寸各异。正放图像可通过淡绿色瓶体和瓶口中心绿色金属喷头来识别，大瓶催泪瓦斯瓶口有蓝色密封盖；直放图像瓶体呈绿色圆形，瓶口中心可看到由金属喷头形成的空心圆；斜放图像呈圆柱体，同时能看到由金属喷头形成的空心圆。X射线检查仪操作员在图像识别过程中，应特别注意某些瓶装化妆品和生活用品与催泪瓦斯的区别，如发胶、剃须泡、口气清新剂、哮喘喷雾等。检查过程中如发现类似图像，应通过开箱包检查来进一步确认。

三、管制刀具的 X 射线图像特征

（一）匕首

匕首刀身由金属制成，刀柄由金属或其他材质制成，一般都带有金属或其他材质的刀鞘。正放图像能看到蓝色刀身和黑色刀柄，容易识别；直放图像刀身呈黑色线状，刀柄根据材质不同呈黑色或黄色块状；斜放图像根据实际摆放角度不同形状各异，但仍能看到刀身和刀柄的特征。

（二）弹簧刀

弹簧刀由金属或其他材质制成，刀身隐藏在刀柄内。正放图像能看到蓝色或黑色刀柄，刀柄形状明显，容易识别；直放图像呈长条状，刀柄周围呈黑色，中间有间隙，刀柄外侧能模糊看到黄色开关；斜放图像根据实际摆放角度不同形状各异，但仍能看到刀柄的特征。

（三）跳刀

跳刀由金属或其他材质制成，刀身位于刀柄内部。正放图像能看到蓝色刀柄和刀身及黑色点状开关；直放图像能看到若干黑线，同时能看到黑色铆钉和点状开关；斜放图像根据实际摆放角度不同形状各异，但仍能看到刀柄的特征。

（四）三棱刀

三棱刀由金属刀身和木质刀柄组成，刀身上有三条刀刃。正放图像刀身呈蓝色，中间第三条刀刃因直放角度呈黑色线状，刀柄呈黄色；直放图像刀身颜色稍深；斜放图像与正放图像相似。

四、爆炸物品类的 X 射线图像特征

（一）铁、铜壳电雷管

铁、铜壳电雷管管体外观为银色或黄色细长条圆柱体，管体尾部有压痕并与电线相连。正放图像管体呈蓝色长方形，铜壳电雷管内部有黑色加强帽，铁壳电雷管内部加强帽颜色较浅，尾部有电线与之相连；直放图像呈黑色点状，有绿色电线与之相连；斜放图像与直放图像相似。

（二）纸壳电雷管

纸壳电雷管管体外观为黄色细长条圆柱体，管体尾部有金属压条并与

电线相连。正放图像管体呈极淡的黄色,内部加强帽呈黑色块状,头部炸药呈黄色,尾部有蓝色金属压条与电线相连;直放图像呈黑色点状,金属压条呈蓝色圆形,与电线相连;斜放图像与正放图像相似。

(三)铝、纸壳火雷管

铝、纸壳火雷管管体外观为银色或黄色细长条圆柱体。铝、纸壳火雷管图像与纸壳电雷管相似(除电线部分),铝壳火雷管外壳颜色为淡绿色。

(四)导火索和导爆索

导火索外观为白色绳索状。正放、直放和斜放图像呈淡绿色线状。

导爆索外观为红色绳索状。正放、直放和斜放图像呈淡黄色线状。

X射线检查仪操作员在图像识别过程中,应特别注意导火索、导爆索和电线之间的区别,电线一般为绿色或蓝色且较细,绝大部分电线都有与之相连的电器,如有线鼠标、电吹风、各类充电器等。

五、微型防暴枪的 X 射线图像特征

各类微型防暴枪在 X 射线检查仪上图像的外观轮廓多与一些日常生活用品相似,但通常具有日常生活用品所没有的击发装置和弹槽。

(一)打火机形防暴枪

打火机形防暴枪在 X 射线检查仪上的图像类似于普通金属打火机。正放图像呈蓝色长方形,一边是金属打火机,另外一边有明显的两条弹槽;直放图像呈黑色块状,加亮后能模糊看到两个弹槽孔;斜放图像与正放图像相似。

(二)笔形防暴枪

笔形防暴枪在 X 射线检查仪上的图像类似于普通金属钢笔或圆珠笔。正放图像笔体颜色较深,中部可看到明显的弹槽;直放图像与正放图像相似;斜放图像比普通金属笔颜色深,尤其是笔体中部。

(三)口红形防暴枪

口红形防暴枪基本由塑料制成,正放图像外壳呈黄色长方形,内部有淡绿色弹槽及黑色击发电极和金属片;直放图像呈黄色正方形,内部可看到模糊的淡绿色弹槽;斜放图像与正放图像相似。

六、利器、钝器的 X 射线图像特征

（一）利器的 X 射线图像特征

水果刀种类繁多，大小、形状各异，由金属和其他材质制成，可分为折叠式和非折叠式两种。塑料或木质刀柄的水果刀正放图像刀身呈蓝色，较易识别；折叠式金属水果刀刀柄与刀身重叠轮廓明显，也较易识别。直放图像刀身呈黑色细线，金属刀柄的水果刀则较粗，折叠水果刀能看到黑色金属铆钉；斜放图像根据实际摆放角度不同形状各异，但仍能看到刀柄或刀身的特征。

裁纸刀的外壳根据材质不同可分为金属和塑料两种。正放图像，塑料外壳裁纸刀能看到蓝色平行四边形刀片及尾部圆孔，金属外壳裁纸刀图像不明显，但能看到特殊形状的外壳；直放图像，刀片或外壳呈黑色细线；斜放图像根据实际摆放角度不同形状各异，但仍能看到刀片或外壳的特征。

整盒裁纸刀片正放图像塑料盒呈淡黄色，刀片呈深蓝色平行四边形，尾部有圆孔；直放图像盒子边缘呈黄色，刀片呈黑色细线；斜放图像与直放图像相似。

剪刀刀身由金属制成，刀柄由塑料或其他材质制成。正放图像刀身呈蓝色，轮廓明显，刀柄呈黄色，较易识别；直放图像刀身呈黑色线状，刀身末端有凸出的黑色铆钉，刀柄呈深黄色；斜放图像根据实际摆放角度不同形状各异，但仍能看到刀身的特征。

（二）钝器的 X 射线图像特征

钝器大部分由金属制成，图像轮廓特征明显，较易识别。

铁锤头部由金属制成，锤柄由木材或其他材质制成。正放、直放及斜放的锤头图像轮廓特征非常明显，极易识别。木质锤柄呈黄色。

第二节　危险品的基本知识

一、危险品的定义

危险品是指能对健康、安全、财产或环境构成危胁，并在技术细则的危险品清单中列明和根据技术细则进行分类的物品或物质。

危险品的运输必须遵守我国和运输过程中有关国家的法律、行政法规和其他有关规定。

二、危险品的分类

根据危险品所具有的不同危险性，危险品被划分为9大类。第1、2、4、5、6类根据危险性不同又被分成若干项。

第1类　爆炸品：

1.1项　具有整体爆炸危险性的物质和物品。

1.2项　具有喷射危险性而无整体爆炸危险性的物质和物品。

1.3项　具有起火危险性、较小的爆炸和较小的抛射危险性而无整体爆炸危险性的物质和物品。

1.4项　不存在明显爆炸危险的物质和物品。

1.5项　具有整体爆炸危险而敏感度极低的物质。

1.6项　无整体爆炸危险且敏感度极低的物质。

第2类　气体：

2.1项　易燃气体。

2.2项　非易燃无毒气体。

2.3项　毒性气体。

第3类　易燃液体。

第4类　易燃固体、自燃物质及遇水释放易燃气体的物质：

4.1项　易燃固体。

4.2 项　自燃物质。

4.3 项　遇水释放易燃气体的物质。

第 5 类　氧化剂和有机过氧化物：

5.1 项　氧化剂。

5.2 项　有机过氧化物。

第 6 类　毒性物质和感染性物质：

6.1 项　毒性物质。

6.2 项　感染性物质。

第 7 类　放射性物质。

第 8 类　腐蚀性物质。

第 9 类　杂类危险物质和物品。

三、危险品判断的相关知识

《国际民用航空公约》附件 18 中规定，凡具有爆炸、燃烧、毒害、腐蚀、放射等性质，在航空运输中可能明显地危害人身健康、安全或对财产造成损害的，并且列于 IATA《危险品规则》中的，或依据 DGR 分类的物质或物品都称为危险品。

这一定义包含了三层含义：

（1）危险品是一类具有爆炸、燃烧、毒害、腐蚀、放射等特殊性质的物质或物品。这些性质是容易造成运输中发生火灾、爆炸、中毒等事故的内在因素和先决条件。

（2）危险品容易造成人身伤亡和财产损毁。这一点指出了危险货物在一定条件下，比如由于受热、摩擦、撞击、与性质相抵触物品接触等，发生化学变化所产生的危险效应。这种危险不仅使货物本身遭到损失，更主要的是危及周围环境，对人员、设备、建筑造成一定程度的损害。

（3）危险品在运输装卸和存储过程中需要特别防护。这里所指的特别防护，不仅是指一般所要求的轻拿轻放、谨防明火等，更主要的是指针对各类危险品本身的特性所必须采取的"特别"的防护措施。例如，有的危险品需避光，有的危险品需控制温度，有的危险品需控制湿度，有的危险品需添加抑制剂等。

以上三点,缺一都不成为危险品。

四、危险品国际代码知识

(一)危险品的分类标签

第1类 爆炸品:

(NO.1) 第1.1,1.2 和1.3类

符号(爆炸的炸弹):黑色;底色:橙黄色

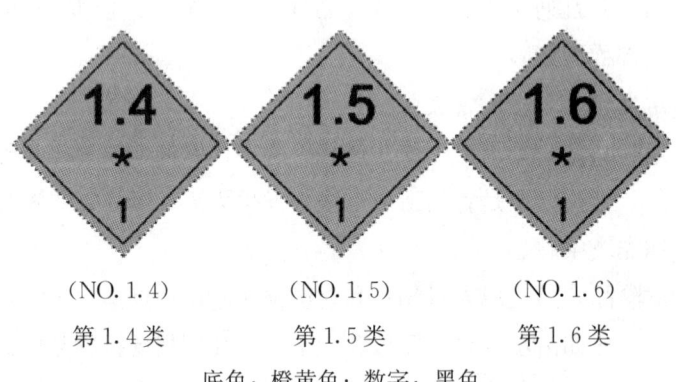

(NO.1.4)　　　(NO.1.5)　　　(NO.1.6)

第1.4类　　　第1.5类　　　第1.6类

底色:橙黄色;数字:黑色

第2类 气体：

(NO.2.1)

第2.1类

符号（火焰）：黑色或白色；底色：红色；数字"2"写在底角

(NO.2.2)

第2.2类

符号（气瓶）：黑色或白色；底色：绿色；数字"2"写在底角

(NO.2.3)

第2.3类

符号（骷髅和交叉的骨头棒）：黑色；底色：白色；数字"2"写在底角

第3类　易燃液体：

(NO.3)

第3类

符号（火焰）：黑色或白色；底色：红色；数字"3"写在底角

第4类　易燃固体、自燃物质及遇水释放易燃气体的物质：

(NO.4.1)　　　　　　　　　(NO.4.2)

第4.1类　　　　　　　　　第4.2类

符号（火焰）：黑色；　　　符号（火焰）：黑色；

底色：白色加上七条竖直红色条带　　底色：上半部为白色，下半部为红色

(NO.4.3)

第4.3类

符号（火焰）：黑色或白色；底色：蓝色

第 5 类　氧化剂和有机过氧化物：

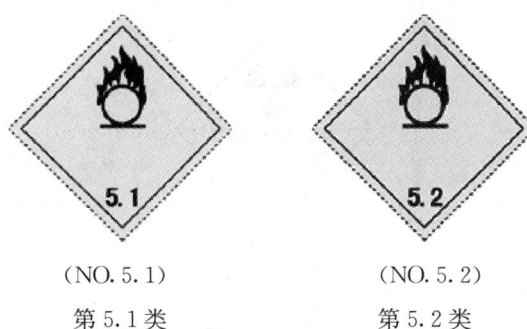

（NO.5.1）　　　　　（NO.5.2）

第 5.1 类　　　　　　第 5.2 类

符号（圆圈上带有火焰）：黑色；底色：黄色

第 6 类　毒性物质和感染性物质：

（NO.6.1）

第 6.1 类

符号（骷髅和交叉的骨头棒）：黑色；底色：白色

（NO.6.2）

第 6.2 类

符号（三个新月形符号沿一个圆圈重叠在一起）：黑色；底色：白色

第7类 放射性物质:

(NO. 7A)

Ⅰ级——白色

符号(三叶形):黑色;底色:白色

(NO. 7B)　　　　(NO. 7C)

Ⅱ级——黄色　　Ⅲ级——黄色

符号(三叶形):黑色;底色:上半部黄色加白边,下半部白色

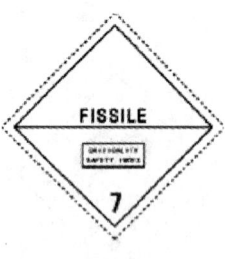

(NO. 7E)

第7类裂变性物质

底色:白色;文字(强制性要求)在标志的上半部用黑体标出

第 8 类　腐蚀性物质：

（NO.8）

第 8 类

符号（液体，从两个玻璃容器流出来侵蚀到手和金属上）：黑色；底色：上半部白色，下半部黑色带白边

第 9 类　杂类危险物质和物品：

（NO.9）

第 9 类

符号（在上半部有 7 条竖直条带）：黑色；底色：白色；数字"9"写在底角

（二）操作标签

CAO　仅限货机

MAG　磁性材料标签

RRE　放射性物质例外数量包装件标签

REQ　非放射性物质例外数量包装件标签

RCL　深冷液化气体标签

远离热源标签

向上标签

电动轮椅标签

通常情况下，危险物品具有完整的出厂外包装的，按照国家危险品管理的有关规定，该产品外包装上必须使用上述危险品标签。因此，熟悉、掌握这些标签，是对特定危险品进行危险特性识别的基础。但是，对于没有产品外包装的危险物品，如零散的工业原材料、化学品、组织及血样等，则需要由专业检验机构根据相关标准进行鉴定，并确定其分类或品名后，通过对照国际航协（IATA）《危险品规则》查询该类物品是否可以空运，以及具体限制数量、条件、包装等级及说明等运输要求，从而确保运输安全。

五、常见易燃易爆气体的种类、性状

易燃易爆气体一般指压缩在耐压瓶罐中的压缩和液化气体，通常经压缩或降温加压后，贮存于特制的高绝热或装有特殊溶剂的耐压容器中。易燃易爆气体在受热、撞击等作用时易引起爆炸。按化学性质一般分为易燃气体、不燃气体、助燃气体和剧毒气体四类。

常见的易燃易爆气体如下：

（1）氢气，无色无臭易燃气体，燃烧火焰为淡蓝色，液氢可做火箭和航天飞机的燃料。

（2）氧气，无色无臭助燃气体，液氧为淡蓝色，常见的有供急救病人使用的小型医用氧气瓶（袋）、潜水用的氧气瓶等。

（3）丁烷气，无色极易燃气体，常用作充气打火机的燃料。

（4）氯气，黄绿色的剧毒气体，有强烈的刺激气味，危险性极大。

六、常见易燃液体的种类、性状

易燃液体是常温下容易燃烧的液态物品，一般具有易挥发性、易燃性和毒性。

闪点（引火点，即引起燃烧的最低温度）是衡量液体易燃性最重要的指标。国家规定闪点低于45℃的液体是易燃液体。易燃液体一般经摇动后，会产生气泡，气泡消失越快，则越易燃。常见的易燃液体有汽油、煤油、柴油、苯、乙醇、油漆、稀料、松香油等，它们遇到火星容易引起燃烧或爆炸。

（1）汽油是一种无色至淡黄色、易流动的油状液体。

（2）苯是无色有芳香气味的易燃液体。

（3）纯净乙醇（酒精）是一种无色有酒味、易挥发的易燃液体。

七、常见易燃固体的种类、性状

根据满足着火条件的不同途径，易燃固体可分为自燃固体、遇水燃烧固体和其他易燃固体。

（1）常见的自燃固体：黄磷，又称白磷，是无色或白色半透明固体；硝化纤维胶片，是微黄色或无色有弹性的带状或卷状软片；油纸，是将纸经浸油处理而成。

（2）常见的遇水燃烧固体：金属钠、金属钾，是银白色有光泽的极活泼轻金属，通常贮存于脱水煤油中；碳化钙，俗称电石。

（3）其他易燃固体：硫黄、闪光粉、固体酒精、赛璐珞等，其中硫黄一般呈黄色结晶状；赛璐珞是一种有色或无色透明的片、板、棒状物，是用作制造乒乓球、眼镜架、玩具、钢笔杆以及各类装潢等的原料。

八、常见毒害品的种类、性状

毒害品进入生物体后，会破坏正常生理功能，引起病变甚至死亡，主要包括氰化物、剧毒农药等剧毒物品。

氢氰酸是毒害品的一种，是无色液体，极易挥发，散发出苦杏仁气味的剧毒蒸气。

九、常见腐蚀品的种类、性状

常见的腐蚀品主要有硫酸、盐酸、硝酸、有液蓄电池、氢氧化钠、氢氧化钾等。

（1）硫酸是无臭黏稠的酸性油状液体，具有强腐蚀性。

（2）盐酸是无色至微黄色液体，是氯化氢水溶液，属酸性腐蚀品。

（3）硝酸俗称硝镪水，带有独特的窒息性气味，属酸性腐蚀品。

（4）氢氧化钠俗称烧碱，是无色至白色固体或液体，是常见的碱性腐蚀品。

思考题：

1. 简述枪支、子弹的 X 射线图像特征。
2. 简述利器、钝器的 X 射线图像特征。
3. 简述危险品的分类。
4. 简述常见危险品的物理性质。

第十六章 安检人员常用英语知识

第一节 安全技术检查常用工作词汇

一、Procedures before boarding 登机前手续

domestic flight	国内航班
international flight	国际航班
destination	目的地
travel document	旅游文件
airport fee	机场费
construction	建造
administration	管理
transit passenger	过境旅客
diplomatic passport	外交护照
check-in time	办理值机手续的时间
check in	办理值机手续（办票）
departure time	起飞时间
airline counter	航空公司柜台
passport control	入境护照检查
security check	安检

二、Flight delays　航班延误

announcement	通告
delay	延误
flight number	航班号
bad weather conditions	恶劣的天气条件
mechanical difficulties	机械故障
poor visibility	能见度差
departure (take off)	起飞
weather forecast	天气预报
apologize	道歉
inconvenience	不方便，给……带来不便
meals	膳食
accommodation	住宿
alternate flight	备选航班

三、Waiting for security control　安检待检区岗位

security check	安全检查
carry-on baggage	随身携带行李
checked baggage	交运行李
conveyer belt	传送带
X-ray equipment	X射线设备
walk-through metal detector	安检门；金属探测安检门
Hand-held metal detector	手持式金属探测器
personal search	人身检查
baggage search	行李检查
forbidden articles	违禁物品
weapon	武器
ammunition	弹药
aggressive tool	攻击性器械

inflammable article	易燃物品
explosive article	易爆物品
corrosive article	腐蚀性物品
radioactive article	放射性物品
poisonous article	有毒有害品
prevention	预防；制止
hijacking	劫机
Temorism	恐怖活动
form a queue	排队
line up in order	排队等候
tourist group	旅游团
delegation	代表团
tourist guide	导游
group visa	团体签证
common practice	常例
dangerous article	危险品
see…off	为……送行

四、Passport control　验证岗位

passport	护照
air-ticket	机票
boarding card（pass）	登机牌
identity card	身份证
expire	期满
means of identification	身份证明文件
photo	照片
accord with	与……相一致
valid	有效的
transferable	可转让的
regulation	规则

check-in procedures	乘机手续
boarding procedures	登机手续
in charge of	负责

五、Personal search　人身检查岗位

cigarette	香烟
lighter	打火机
metal item/object/thing	金属物品
business card holder	名片夹
calculator	计算器
spectacle case	眼镜盒
mobile phone	手机
coin	硬币
chewing gum	口香糖
plate	托盘
health	健康
pocket	口袋
manual search (physical search)	手动搜索（物理搜索）
restricted area (sterile search)	限制区（无菌搜索）
belongings	携带物品
departure lounge	候机厅
cooperation	合作

六、Baggage search　开箱包检查岗位

aerated beverage	碳酸饮料
mineral water	矿泉水
tea	茶
coke	可乐
sprite	雪碧
coffee	咖啡

milk	牛奶
yogurt	酸奶
fruit juice	果汁
bottle	瓶子
tin（can）	锡（罐）
checking table	检查台、开包台
bottom	底部
restricted article	违禁物品；受限制物品
knife	刀；匕首
kitchen knife	菜刀
surgical knife	手术刀
tool	工具
tool kit	工具箱
scissors	剪刀
receipt	收据
claim	认领
deliver	移交
crew	机组
sheet for delivery of restricted article	限制物品移交单
mousse	摩丝
fixature	发胶
limit	限制，限量
oxygen container	氧气瓶
contraband	违禁物品
confiscate	没收
liquid article	液态物品
alcoholic beverage	含酒精的饮料

七、Special screening procedures   对特殊人员的检查

diplomat	外交官

diplomatic representative	外交代表
ambassador	大使
counselor	参赞
consul-general	总领事
consul	领事
dean of diplomatic corps	外交使团团长
special envoy	特使
captain	机长
cardiac pacemaker	心脏起搏器
handicapped passenger	残疾旅客
wheelchair	轮椅
diplomatic passport	外交护照
authorization letter	授权书
diplomatic pouch	外交信袋
VIP (very important person)	要客
bullet	子弹
pistol	手枪

八、Control of access   通道监护岗位

restricted area permit	隔离区通行证
staff entrance	员工通道
temporary badge	临时通行证
security screening checkpoint	安检通道；安检区
security screening procedures	安全检查程序
expiry date	有效期限
uniform	制服
working hours	工作时间
information counter	问询台
apron	停机坪

九、Boarding control   登机监护岗位

departure gate	登机口；登机门
boarding time	登机时间

十、Security of checked baggage and cargo   交运行李和货物的安检

fragile article	易碎物品
lock	锁，上锁
separate	分开
pack	包装
erect	竖起
trunk	箱子

十一、Date   日期

JAN	一月
FEB	二月
MAR	三月
APR	四月
MAY	五月
JUN	六月
JUL	七月
AUG	八月
SEP	九月
OCT	十月
NOV	十一月
DEC	十二月
day（s）	天
year（s）	年
week（s）	周

第二节 安全技术检查常用工作会话

一、前传岗位

1. Please pass through the detector one by one.
请一个一个通过探测门。

2. Hello, put your baggage on the belt please.
您好,请把您的包放在传送带上。

3. Please put all your metallic objects such as coin, cellphone, chewing gum, cigarettes and anything with aluminum foil into the basket.
请把您随身携带的所有物品,如硬币、手机、口香糖、香烟以及带锡纸的物品等放在篮子里。

4. Could you hold the baby in your arms and let the pram be checked by the X-ray machine?
您可以抱起婴儿,让婴儿车通过X射线检查仪检查吗?

5. Excuse me, sir, please take your computer out and put it in the basket.
对不起,先生,请把您的电脑从包里取出放入筐里。

6. Anything else in your pocket?
口袋里还有其他物品吗?

7. I'm sorry to tell you that flammable items cannot be taken with you into the aircraft.
很遗憾地告诉您,易燃品不能随身带上飞机。

二、人身检查岗位

1. Please come over for inspection.

请过来接受检查。

2. Please raise your arms.

请您抬起双臂。

3. Turn around please.

请转身。

4. Please unbutton your coat.

请把您的衣扣解开。

5. I'm sorry to tell you that it is a prohibited item. You can't take it with you into the aircraft.

很抱歉告诉您,这是违禁品。您不能把它带上飞机。

6. Checking is done, thank you for your corporation.

检查完毕,谢谢合作。

7. You can take your baggage now.

您可以拿行李了。

三、移交台岗位

1. These items are forbidden by law and will have to be confiscated. Here is your receipt.

这些东西是违禁品,我们必须没收。这是给您的没收单据。

2. We could check it in for you, or you could have it deposited temporarily at our place for up to one month.

您可以办理托运或在我们这儿办理暂存,我们可以替您保留一个月。

3. Within a month, if you return to Beijing, take this receipt to the Domestic Security Office to get your things back.

一个月之内,当您再来北京的时候,您可以到国内安检值班室凭单据领取您的东西。

4. If you can't come back within a month, we won't keep it for you.

如果一个月之内您不来领的话,我们将不再替您保存。

5. This is the government's rule. For your own safety and other passangers, we need your understanding and corporation.

这是政府规定的，为了您和其他旅客的安全，请您理解和配合我们的工作。

四、入境英语

1. A：May I see your passport，please?
   请给我您的护照。

   B：Here is my passport. /Here it is.
   这是我的护照。

2. A：Do you have a return ticket to Taiwan?
   您是否有台湾回程机票？

   B：Yes，here it is.
   有的，这就是回程机票。

3. A：How long will you be stay in the United States?
   您预计将在美国停留多久？

   B：About 5 days. /I plan to stay for about 10 days.
   大概 5 天。/预计停留 10 天。

五、行李遗失

1. A：I can't find my baggage.
   我找不到我的行李了。

   B：Please wait for a moment while we investigating.
   我们正在调查，请稍等一下。

2. A：Can you describe your baggage?
   请描述您的行李。

   B：It is a medium-sized Samsonite，and it's gray.
   它是一个中型的灰色拉杆箱。

3. You may have some baggage so we'd like to make a lost baggage report. Would you come with me to the office?
   你们可能遗失了几件行李，所以必须填写一份行李遗失报告。能跟我到办公室吗？

六、机场其他英语

1. A：Are you going to take a domestic international or an international flight?

   您要乘坐国内航班还是国际航班?

   B：An international flight。

   国际航班。

2. A：What's the check-in time for my flight?

   我的航班什么时候开始检票?

   B：One hour before departure。

   起飞前一小时。

3. A：I've heard an announcement that my flight has been delayed. Could you tell me why?

   从广播里得知我的航班延误了，你能告诉我原因吗?

   B：What's your flight number?

   您的航班号是什么?

4. A：Do you know why my flight has been delayed?

   你知道我的航班为何延误吗?

   B：It is due to bad weather conditions.

   这是因为恶劣的天气条件。

5. A：I have just checked in for light MU586. What should I do now?

   我刚办完了MU586航班的值机手续。现在该做什么了?

   B：You should go through the passport control and security check.

   您应该去办理验证和安检。

6. A：How should we go through the security check?

   我们该怎样接受安检?

   B：Just put your carry-on baggage on the belt，which will take it to be screened by X-ray equipment. And you should go through that gate，the staff may give you a personal search.

把手提行李放在传送带上接受X射线检查仪检查。然后您通过安全门，工作人员会对您进行人身检查。

7. A：How long will the search take?

   检查需要多长时间？

   B：It depends. If you don't have any forbidden articles, it will be very quick.

   要视情况而定。如果您没有携带违禁物品的话，会很快的。

8. A：What kind of things can not be taken on the plane?

   哪些东西不能带上飞机？

   B：It's for biddent carry any kind of weapons, ammumtions, aggressive tools and inflammable, explosive, corrosive, radioactive, poisonous articles on the plane.

   任何武器、弹药、攻击性的器械，以及易燃、易爆、腐蚀性、放射性、有毒有害的物品都严禁带上飞机。

9. A：What's the security check for?

   为何要安检？

   B：The security check is carried out for the passenger's own safety. It's for prevention of hijacking and terrorism.

   安检是为了旅客自身的安全，是为了防止劫机事件和恐怖活动。

10. A：Does everyone have to receive a personal search?

    每个人都必须接受安全检查吗？

    B：Yes. The personal search is for all domestic and international travelers.

    是的。人身检查针对所有的国内和国际旅客。

思考题：

1. What is airport fee?
2. What kind of things can not be taken on the plane?
3. What's the security check for?

附　　录

附录一　民用航空安全检查规则

第一章　总　　则

第一条　为了规范民用航空安全检查工作，防止对民用航空活动的非法干扰，维护民用航空运输安全，依据《中华人民共和国民用航空法》《中华人民共和国民用航空安全保卫条例》等有关法律、行政法规，制定本规则。

第二条　本规则适用于在中华人民共和国境内的民用运输机场进行的民用航空安全检查工作。

第三条　民用航空安全检查机构（以下简称"民航安检机构"）按照有关法律、行政法规和本规则，通过实施民用航空安全检查工作（以下简称"民航安检工作"），防止未经允许的危及民用航空安全的危险品、违禁品进入民用运输机场控制区。

第四条　进入民用运输机场控制区的旅客及其行李物品，航空货物、航空邮件应当接受安全检查。拒绝接受安全检查的，不得进入民用运输机场控制区。国务院规定免检的除外。

旅客、航空货物托运人、航空货运销售代理人、航空邮件托运人应当配合民航安检机构开展工作。

第五条　中国民用航空局、中国民用航空地区管理局（以下统称"民航行政机关"）对民航安检工作进行指导、检查和监督。

第六条　民航安检工作坚持安全第一、严格检查、规范执勤的原则。

第七条　承运人按照相关规定交纳安检费用，费用标准按照有关规定执行。

第二章 民航安检机构

第八条 民用运输机场管理机构应当设立专门的民航安检机构从事民航安检工作。

公共航空运输企业从事航空货物、邮件和进入相关航空货运区人员、车辆、物品的安全检查工作的，应当设立专门的民航安检机构。

第九条 设立民航安检机构的民用运输机场管理机构、公共航空运输企业（以下简称"民航安检机构设立单位"）对民航安检工作承担安全主体责任，提供符合中国民用航空局（以下简称"民航局"）规定的人员、经费、场地及设施设备等保障，提供符合国家标准或者行业标准要求的劳动防护用品，保护民航安检从业人员劳动安全，确保民航安检机构的正常运行。

第十条 民航安检机构的运行条件应当包括：

（一）符合民用航空安全保卫设施行业标准要求的工作场地、设施设备和民航安检信息管理系统；

（二）符合民用航空安全检查设备管理要求的民航安检设备；

（三）符合民用航空安全检查员定员定额等标准要求的民航安全检查员；

（四）符合本规则和《民用航空安全检查工作手册》要求的民航安检工作运行管理文件；

（五）符合民航局规定的其他条件。

第十一条 民航行政机关审核民用机场使用许可、公共航空运输企业运行合格审定申请时，应当对其设立的民航安检机构的运行条件进行审查。

第十二条 民航安检机构应当根据民航局规定，制定并实施民航安检工作质量控制和培训管理制度，并建立相应的记录。

第十三条 民航安检机构应当根据工作实际，适时调整本机构的民航安检工作运行管理文件，以确保持续有效。

第三章 民航安全检查员

第十四条 民航安检机构应当使用符合以下条件的民航安全检查员从事民航安检工作：

（一）具备相应岗位民航安全检查员国家职业资格要求的理论和技能水平；

（二）通过民用航空背景调查；

（三）完成民航局民航安检培训管理规定要求的培训。

对不适合继续从事民航安检工作的人员，民航安检机构应当及时将其调离民航安检工作岗位。

第十五条 民航安检现场值班领导岗位管理人员应当具备民航安全检查员国家职业资格三级以上要求的理论和技能水平。

第十六条 民航安全检查员执勤时应当着民航安检制式服装，佩戴民航安检专门标志。民航安检制式服装和专门标志式样和使用由民航局统一规定。

第十七条 民航安全检查员应当依据本规则和本机构民航安检工作运行管理文件的要求开展工作，执勤时不得从事与民航安检工作无关的活动。

第十八条 X射线安检仪操作检查员连续操机工作时间不得超过30分钟，再次操作X射线安检仪间隔时间不得少于30分钟。

第十九条 民航安检机构设立单位应当根据国家和民航局、地方人民政府有关规定，为民航安全检查员提供相应的岗位补助、津贴和工种补助。

第二十条 民航安检机构设立单位或民航安检机构应当为安全检查员提供以下健康保护：

（一）每年不少于一次的体检并建立健康状况档案；

（二）除法定假期外，每年不少于两周的带薪休假；

（三）为怀孕期和哺乳期的女工合理安排工作。

第四章 民航安检设备

第二十一条 民航安检设备实行使用许可制度。用于民航安检工作的民航安检设备应当取得"民用航空安全检查设备使用许可证书"并在"民用航空安全检查设备使用许可证书"规定的范围内使用。

第二十二条 民航安检机构设立单位应当按照民航局规定，建立并运行民航安检设备的使用验收、维护、定期检测、改造及报废等管理制度，确保未经使用验收检测合格、未经定期检测合格的民航安检设备不得用于民航安检工作。

第二十三条 民航安检机构设立单位应当按照民航局规定，上报民航安检设备使用验收检测、定期检测、报废等相关信息。

第二十四条 从事民航安检设备使用验收检测、定期检测的人员应当通过民航局规定的培训。

第五章 民航安检工作实施

第一节 一般性规定

第二十五条 民航安检机构应当按照本机构民航安检工作运行管理文件组织实施民航安检工作。

第二十六条 公共航空运输企业、民用运输机场管理机构应当在售票、值机环节和民航安检工作现场待检区域，采用多媒体、实物展示等多种方式，告知公众民航安检工作的有关要求、通告。

第二十七条 民航安检机构应当按照民航局要求，实施民航安全检查安全信用制度。对有民航安检违规记录的人员和单位进行安全检查时，采取从严检查措施。

第二十八条 民航安检机构设立单位应当在民航安检工作现场设置禁止拍照、摄像警示标识。

第二节 旅客及其行李物品的安全检查

第二十九条 旅客及其行李物品的安全检查包括证件检查、人身检查、随身行李物品检查、托运行李检查等。安全检查方式包括设备检查、手工检查及民航局规定的其他安全检查方式。

第三十条 旅客不得携带或者在行李中夹带民航禁止运输物品，不得违规携带或者在行李中夹带民航限制运输物品。民航禁止运输物品、限制运输物品的具体内容由民航局制定并发布。

第三十一条 乘坐国内航班的旅客应当出示有效乘机身份证件和有效乘机凭证。对旅客、有效乘机身份证件、有效乘机凭证信息一致的，民航安检机构应当加注验讫标识。

有效乘机身份证件的种类包括：中国大陆地区居民的居民身份证、临时居民身份证、护照、军官证、文职干部证、义务兵证、士官证、文职人员证、职工证、武警警官证、武警士兵证、海员证，香港、澳门地区居民的港澳居民来往内地通行证，台湾地区居民的台湾居民来往大陆通行证；外籍旅客的护照、外交部签发的驻华外交人员证、外国人永久居留证；民航局规定的其他有效乘机身份证件。

十六周岁以下的中国大陆地区居民的有效乘机身份证件，还包括出生医学证明、户口簿、学生证或户口所在地公安机关出具的身份证明。

第三十二条 旅客应当依次通过人身安检设备接受人身检查。对通过人身安检设备检查报警的旅客，民航安全检查员应当对其采取重复通过人身安检设备或手工人身检查的方法进行复查，排除疑点后方可放行。对通过人身安检设备检查不报警的旅客可以随机抽查。

旅客在接受人身检查前，应当将随身携带的可能影响检查效果的物品，包括金属物品、电子设备、外套等取下。

第三十三条 手工人身检查一般由与旅客同性别的民航安全检查员实施；对女性旅客的手工人身检查，应当由女性民航安全检查员实施。

第三十四条 残疾旅客应当接受与其他旅客同样标准的安全检查。接受安全检查前，残疾旅客应当向公共航空运输企业确认具备乘机条件。

残疾旅客的助残设备、服务犬等应当接受安全检查。服务犬接受安全检查前，残疾旅客应当为其佩戴防咬人、防吠叫装置。

第三十五条 对要求在非公开场所进行安全检查的旅客，如携带贵重物品、植入心脏起搏器的旅客和残疾旅客等，民航安检机构可以对其实施非公开检查。检查一般由两名以上与旅客同性别的民航安全检查员实施。

第三十六条　对有下列情形的，民航安检机构应当实施从严检查措施：

（一）经过人身检查复查后仍有疑点的；

（二）试图逃避安全检查的；

（三）旅客有其他可疑情形，正常检查无法排除疑点的。

从严检查措施应当由两名以上与旅客同性别的民航安全检查员在特别检查室实施。

第三十七条　旅客的随身行李物品应当经过民航行李安检设备检查。发现可疑物品时，民航安检机构应当实施开箱包检查等措施，排除疑点后方可放行。对没有疑点的随身行李物品可以实施开箱包抽查。实施开箱包检查时，旅客应当在场并确认箱包归属。

第三十八条　旅客的托运行李应当经过民航行李安检设备检查。发现可疑物品时，民航安检机构应当实施开箱包检查等措施，排除疑点后方可放行。对没有疑点的托运行李可以实施开箱包抽查。实施开箱包检查时旅客应当在场并确认箱包归属，但是公共航空运输企业与旅客有特殊约定的除外。

第三十九条　根据国家有关法律法规和民航危险品运输管理规定等相关要求，属于经公共航空运输企业批准方能作为随身行李物品或者托运行李运输的特殊物品，旅客凭公共航空运输企业同意承运证明，经安全检查确认安全后放行。

公共航空运输企业应当向旅客通告特殊物品目录及批准程序，并与民航安检机构明确特殊物品批准和信息传递程序。

第四十条　对液体、凝胶、气溶胶等液态物品的安全检查，按照民航局规定执行。

第四十一条　对禁止旅客随身携带但可以托运的物品，民航安检机构应当告知旅客可作为行李托运、自行处置或者暂存处理。

对于旅客提出需要暂存的物品，民用运输机场管理机构应当为其提供暂存服务。暂存物品的存放期限不超过 30 天。

民用运输机场管理机构应当提供条件，保管或处理旅客在民航安检工作中暂存、自弃、遗留的物品。

第四十二条　对来自境外,且在境内民用运输机场过站或中转的旅客及其行李物品,民航安检机构应当实施安全检查。但与中国签订互认航空安保标准条款的除外。

第四十三条　对来自境内,且在境内民用运输机场过站或中转的旅客及其行李物品,民航安检机构不再实施安全检查。但旅客及其行李物品离开候机隔离区或与未经安全检查的人员、物品相混或者接触的除外。

第四十四条　经过安全检查的旅客进入候机隔离区以前,民航安检机构应当对候机隔离区实施清场,实施民用运输机场控制区24小时持续安保管制的机场除外。

第三节　航空货物、航空邮件的安全检查

第四十五条　航空货物应当依照民航局规定,经过安全检查或者采取其他安全措施。

第四十六条　对航空货物实施安全检查前,航空货物托运人、航空货运销售代理人应当提交航空货物安检申报清单和经公共航空运输企业或者其地面服务代理人审核的航空货运单等民航局规定的航空货物运输文件资料。

第四十七条　航空货物应当依照航空货物安检要求通过民航货物安检设备检查。检查无疑点的,民航安检机构应当加注验讫标识放行。

第四十八条　对通过民航货物安检设备检查有疑点、图像不清或者图像显示与申报不符的航空货物,民航安检机构应当采取开箱包检查等措施,排除疑点后加注验讫标识放行。无法排除疑点的,应当加注退运标识作退运处理。

开箱包检查时,托运人或者其代理人应当在场。

第四十九条　对单体超大、超重等无法通过航空货物安检设备检查的航空货物,装入航空器前应当采取隔离停放至少24小时安全措施,并实施爆炸物探测检查。

第五十条　对航空邮件实施安全检查前,邮政企业应当提交经公共航空运输企业或其地面服务代理人审核的邮包路单和详细邮件品名、数量清单等文件资料或者电子数据。

第五十一条　航空邮件应当依照航空邮件安检要求通过民航货物安检

设备检查，检查无疑点的，民航安检机构应当加注验讫标识放行。

第五十二条 航空邮件通过民航货物安检设备检查有疑点、图像不清或者图像显示与申报不符的，民航安检机构应当会同邮政企业采取开箱包检查等措施，排除疑点后加注验讫标识放行。无法开箱包检查或无法排除疑点的，应当加注退运标识退回邮政企业。

第四节 其他人员、物品及车辆的安全检查

第五十三条 进入民用运输机场控制区的其他人员、物品及车辆，应当接受安全检查。拒绝接受安全检查的，不得进入民用运输机场控制区。

对其他人员及物品的安全检查方法与程序应当与对旅客及行李物品检查方法和程序一致，有特殊规定的除外。

第五十四条 对进入民用运输机场控制区的工作人员，民航安检机构应当核查民用运输机场控制区通行证件，并对其人身及携带物品进行安全检查。

第五十五条 对进入民用运输机场控制区的车辆，民航安检机构应当核查民用运输机场控制区车辆通行证件，并对其车身、车底及车上所载物品进行安全检查。

第五十六条 对进入民用运输机场控制区的工具、物料或者器材，民航安检机构应当根据相关单位提交的工具、物料或者器材清单进行安全检查、核对和登记，带出时予以核销。工具、物料和器材含有民航禁止运输物品或限制运输物品的，民航安检机构应当要求其同时提供民用运输机场管理机构同意证明。

第五十七条 执行飞行任务的机组人员进入民用运输机场控制区的，民航安检机构应当核查其民航空勤通行证件和民航局规定的其他文件，并对其人身及物品进行安全检查。

第五十八条 对进入民用运输机场控制区的民用航空监察员，民航安检机构应当核查其民航行政机关颁发的通行证并对其人身及物品进行安全检查。

第五十九条 对进入民用运输机场控制区的航空配餐和机上供应品，民航安检机构应当核查车厢是否锁闭，签封是否完好，签封编号与运输台帐记录是否一致。必要时可以进行随机抽查。

第六十条 民用运输机场管理机构应当对进入民用运输机场控制区的商品进行安全备案并进行监督检查，防止进入民用运输机场控制区内的商品含有危害民用航空安全的物品。

对进入民用运输机场控制区的商品，民航安检机构应当核对商品清单和民用运输机场商品安全备案目录一致，并对其进行安全检查。

第六章 民航安检工作特殊情况处置

第六十一条 民航安检机构应当依照本机构突发事件处置预案，定期实施演练。

第六十二条 已经安全检查的人员、行李、物品与未经安全检查的人员、行李、物品不得相混或接触。如发生相混或接触，民用运输机场管理机构应当采取以下措施：

（一）对民用运输机场控制区相关区域进行清场和检查；

（二）对相关出港旅客及其随身行李物品再次安全检查；

（三）如旅客已进入航空器，应当对航空器客舱进行航空器安保检查。

第六十三条 有下列情形之一的，民航安检机构应当报告公安机关：

（一）使用伪造、变造的乘机身份证件或者乘机凭证的；

（二）冒用他人乘机身份证件或者乘机凭证的；

（三）随身携带或者托运属于国家法律法规规定的危险品、违禁品、管制物品的；

（四）随身携带或者托运本条第三项规定以外民航禁止运输、限制运输物品，经民航安检机构发现提示仍拒不改正，扰乱秩序的；

（五）在行李物品中隐匿携带本条第三项规定以外民航禁止运输、限制运输物品，扰乱秩序的；

（六）伪造、变造、冒用危险品航空运输条件鉴定报告或者使用伪造、变造的危险品航空运输条件鉴定报告的；

（七）伪报品名运输或者在航空货物中夹带危险品、违禁品、管制物品的；

（八）在航空邮件中隐匿、夹带运输危险品、违禁品、管制物品的；

（九）故意散播虚假非法干扰信息的；

（十）对民航安检工作现场及民航安检工作进行拍照、摄像，经民航安检机构警示拒不改正的；

（十一）逃避安全检查或者殴打辱骂民航安全检查员或者其他妨碍民航安检工作正常开展，扰乱民航安检工作现场秩序的；

（十二）清场、航空器安保检查、航空器安保搜查中发现可疑人员或者物品的；

（十三）发现民用机场公安机关布控的犯罪嫌疑人的；

（十四）其他危害民用航空安全或者违反治安管理行为的。

第六十四条　有下列情形之一的，民航安检机构应当采取紧急处置措施，并立即报告公安机关：

（一）发现爆炸物品、爆炸装置或者其他重大危险源的；

（二）冲闯、堵塞民航安检通道或者民用运输机场控制区安检道口的；

（三）在民航安检工作现场向民用运输机场控制区内传递物品的；

（四）破坏、损毁、占用民航安检设备设施、场地的；

（五）其他威胁民用航空安全，需要采取紧急处置措施行为的。

第六十五条　有下列情形之一的，民航安检机构应当报告有关部门处理：

（一）发现涉嫌走私人员或者物品的；

（二）发现违规运输航空货物的；

（三）发现不属于公安机关管理的危险品、违禁品、管制物品的。

第六十六条　威胁增加时，民航安检机构应当按照威胁等级管理办法的有关规定调整安全检查措施。

第六十七条　民航安检机构应当根据本机构实际情况，与相关单位建立健全应急信息传递及报告工作程序，并建立记录。

第七章　监督检查

第六十八条　民航行政机关及民用航空监察员依法对民航安检工作实施监督检查，行使以下职权：

（一）审查并持续监督民航安检机构的运行条件符合民航局有关规定；

（二）制定民航安检工作年度监督检查计划，并依据监督检查计划开展监督检查工作；

（三）进入民航安检机构及其设立单位进行检查，调阅有关资料，向有关单位和人员了解情况；

（四）对检查中发现的问题，当场予以纠正或者规定限期改正；对依法应当给予行政处罚的行为，依法作出行政处罚决定；

（五）对检查中发现的安全隐患，规定有关单位及时处理，对重大安全隐患实施挂牌督办；

（六）对有根据认为不符合国家标准或者行业标准的设施、设备予以查封或者扣押，并依法作出处理决定；

（七）依法对民航安检机构及其设立单位的主要负责人、直接责任人进行行政约见或者警示性谈话。

第六十九条 民航安检机构及其设立单位应当积极配合民航行政机关依法履行监督检查职责，不得拒绝、阻挠。对民航行政机关依法作出的监督检查书面记录，被检查单位负责人应当签字，拒绝签字的，民用航空监察员应当将情况记录在案，并向民航行政机关报告。

第七十条 民航行政机关应当建立民航安检工作违法违规行为信息库，如实记录民航安检机构及其设立单位的违法行为信息。对违法行为情节严重的单位，应当纳入行业安全评价体系，并通报其上级政府主管部门。

第七十一条 民航行政机关应当建立民航安检工作奖励制度，对保障空防安全、地面安全以及在突发事件处置、应急救援等方面有突出贡献的集体和个人，按贡献给予不同级别的奖励。

第七十二条 民航行政机关应当建立举报制度，公开举报电话、信箱或者电子邮件地址，受理并负责调查民航安检工作违法违规行为的举报。

任何单位和个人发现民航安检机构运行存在安全隐患或者未按照规定实施民航安检工作的，有权向民航行政机关报告或者举报。

民航行政机关应当依照国家有关奖励办法，对报告重大安全隐患或者举报民航安检工作违法违规行为的有功人员，给予奖励。

第八章 法律责任

第七十三条 违反本规则第十条规定，民用运输机场管理机构设立的民航安检机构运行条件不符合本规则要求的，由民航行政机关责令民用运输机场限期改正；逾期不改正的或者经改正仍不符合要求的，由民航行政机关依据《民用机场管理条例》第六十八条对民用运输机场作出限制使用的决定，情节严重的，吊销民用运输机场使用许可证。

第七十四条 民航安检机构设立单位的决策机构、主要负责人不能保证民航安检机构正常运行所必需资金投入，致使民航安检机构不具备运行条件的，由民航行政机关依据《中华人民共和国安全生产法》第九十条责令限期改正，提供必需的资金；逾期未改正的，责令停产停业整顿。

第七十五条 有下列情形之一的，由民航行政机关依据《中华人民共和国安全生产法》第九十四条责令民航安检机构设立单位改正，可以处五万元以下的罚款；逾期未改正的，责令停产停业整顿，并处五万元以上十万元以下的罚款，对其直接负责的主管人员和其他直接责任人员处一万元以上二万元以下的罚款：

（一）违反第十二条规定，未按要求开展培训工作或者未如实记录民航安检培训情况的；

（二）违反第十四、十五条规定，民航安全检查员未按要求经过培训并具备岗位要求的理论和技能水平，上岗执勤的；

（三）违反第二十四条规定，人员未按要求经过培训，从事民航安检设备使用验收检测、定期检测工作的；

（四）违反第六十一条规定，未按要求制定突发事件处置预案或者未定期实施演练的。

第七十六条 有下列情形之一的，由民航行政机关依据《中华人民共和国安全生产法》第九十六条责令民航安检机构设立单位限期改正，可以处五万元以下的罚款；逾期未改正的，处五万元以上二十万元以下的罚款，对其直接负责的主管人员和其他直接责任人员处一万元以上二万元以下的罚款；情节严重的，责令停产停业整顿：

（一）违反第二十一、二十二条规定，民航安检设备的安装、使用、检测、改造不符合国家标准或者行业标准的；

（二）违反本规则第二十二条规定，使用定期检测不合格的民航安检设备的；

（三）违反第二十二条规定，未按要求对民航安检设备进行使用验收、维护、定期检测的。

第七十七条 违反本规则有关规定，民航安检机构或者民航安检机构设立单位未采取措施消除安全隐患的，由民航行政机关依据《中华人民共和国安全生产法》第九十九条责令民航安检机构设立单位立即消除或者限期消除；民航安检机构设立单位拒不执行的，责令停产停业整顿，并处十万元以上五十万元以下的罚款，对其直接负责的主管人员和其他直接责任人员处二万元以上五万元以下的罚款。

第七十八条 违反本规则第六十九条规定，民航安检机构或者民航安检机构设立单位拒绝、阻碍民航行政机关依法开展监督检查的，由民航行政机关依据《中华人民共和国安全生产法》第一百零五条责令改正；拒不改正的，处二万元以上二十万元以下的罚款；对其直接负责的主管人员和其他直接责任人员处一万元以上二万元以下的罚款。

第七十九条 有下列情形之一的，由民航行政机关责令民航安检机构设立单位限期改正，处一万元以下的罚款；逾期未改正的，处一万元以上三万元以下的罚款：

（一）违反第八条规定，未设置专门的民航安检机构的；

（二）违反第十二条规定，未依法制定或者实施民航安检工作质量控制管理制度或者未如实记录质量控制工作情况的；

（三）违反第十三条规定，未根据实际适时调整民航安检工作运行管理手册的；

（四）违反第十四条第二款规定，未及时调离不适合继续从事民航安检工作人员的；

（五）违反第十八条规定，X射线安检仪操作检查员工作时间制度不符合要求的；

（六）违反第十九、二十条规定，未依法提供劳动健康保护的；

（七）违反第二十三条规定，未按规定上报民航安检设备信息的；

（八）违反第二十五条规定，未按照民航安检工作运行管理手册组织实施民航安检工作的；

（九）违反第二十八条规定，未在民航安检工作现场设置禁止拍照、摄像警示标识的；

（十）违反第六十二、六十三、六十四、六十五、六十六条规定，未按要求采取民航安检工作特殊情况处置措施的；

（十一）违反第六十七条规定，未按要求建立或者运行应急信息传递及报告程序或者未按要求记录应急信息的。

第八十条　违反第二十六条规定，公共航空运输企业、民用运输机场管理机构未按要求宣传、告知民航安检工作规定的，由民航行政机关责令限期改正，处一万元以下的罚款；逾期未改正的，处一万元以上三万元以下的罚款。

第八十一条　违反第三十九条第二款规定，公共航空运输企业未按要求向旅客通告特殊物品目录及批准程序或者未按要求与民航安检机构建立特殊物品和信息传递程序的，由民航行政机关责令限期改正，处一万元以下的罚款；逾期未改正的，处一万元以上三万元以下的罚款。

第八十二条　有下列情形之一的，由民航行政机关责令民用运输机场管理机构限期改正，可以处一万元以上三万元以下的罚款；逾期未改正的，处一万元以上三万元以下的罚款：

（一）违反第四十一条第二款规定，民用运输机场管理机构未按要求为旅客提供暂存服务的；

（二）违反第四十一条第三款规定，民用运输机场管理机构未按要求提供条件，保管或者处理旅客暂存、自弃、遗留物品的；

（三）违反第六十条第一款规定，民用运输机场管理机构未按要求履行监督检查管理职责的。

第八十三条　有下列情形之一的，由民航安检机构予以纠正，民航安检机构不履行职责的，由民航行政机关责令改正，并处一万元以上三万元以下的罚款：

（一）违反第十六条规定，民航安全检查员执勤时着装或者佩戴标志不符合要求的；

（二）违反第十七条规定，民航安全检查员执勤时从事与民航安检工作无关活动的；

（三）违反第五章第二、三、四节规定，民航安全检查员不服从管理，违反规章制度或者操作规程的。

第八十四条 有下列情形之一的，由民航行政机关的上级部门或者监察机关责令改正，并根据情节对直接负责的主管人员和其他直接责任人员依法给予处分：

（一）违反第十一条规定，未按要求审核民航安检机构运行条件或者提供虚假审核意见的；

（二）违反第六十八条规定，未按要求有效履行监督检查职能的；

（三）违反第七十条规定，未按要求建立民航安检工作违法违规行为信息库的；

（四）违反第七十一条规定，未按要求建立或者运行民航安检工作奖励制度的；

（五）违反第七十二条规定，未按要求建立或者运行民航安检工作违法违规行为举报制度的。

第八十五条 民航安检机构设立单位及民航安全检查员违规开展民航安检工作，造成安全事故的，按照国家有关规定追究相关单位和责任人员的法律责任。

第八十六条 违反本规则有关规定，行为构成犯罪的，依法追究刑事责任。

第八十七条 违反本规则有关规定，行为涉及民事权利义务纠纷的，依照民事权利义务法律法规处理。

第九章 附 则

第八十八条 本规则下列用语定义：

（一）"民用运输机场"，是指为从事旅客、货物运输等公共航空运输活动的民用航空器提供起飞、降落等服务的机场。包括民航运输机场和军民合用机场的民用部分。

（二）"民用航空安全检查工作"，是指对进入民用运输机场控制区的旅客及其行李物品，其他人员、车辆及物品和航空货物、航空邮件等进行安全检查的活动。

（三）"航空货物"，是指除航空邮件、凭"客票及行李票"运输的行李、航空危险品外，已由或者将由民用航空运输的物品，包括普通货物、特种货物、航空快件、凭航空货运单运输的行李等。

（四）"航空邮件"，是指邮政企业通过航空运输方式寄递的信件、包裹等。

（五）"民航安全检查员"，是指持有民航安全检查员国家职业资格证书并从事民航安检工作的人员。

（六）"民航安检现场值班领导岗位管理人员"，是指在民航安检工作现场，负责民航安检勤务实施管理和应急处置管理工作的岗位。民航安检工作现场包括旅客人身及随身行李物品安全检查工作现场、托运行李安全检查工作现场、航空货邮安全检查工作现场、其他人员安全检查工作现场及民用运输机场控制区道口安全检查工作现场等。

（七）"旅客"，是指经公共航空运输企业同意在民用航空器上载运的除机组成员以外的任何人。

（八）"其他人员"，是指除旅客以外的，因工作需要，经安全检查进入机场控制区或者民用航空器的人员，包括但不限于机组成员、工作人员、民用航空监察员等。

（九）"行李物品"，是指旅客在旅行中为了穿着、使用、舒适或者方便的需要而携带的物品和其他个人财物。包括随身行李物品、托运行李。

（十）"随身行李物品"，是指经公共航空运输企业同意，由旅客自行负责照管的行李和自行携带的零星小件物品。

（十一）"托运行李"，是指旅客交由公共航空运输企业负责照管和运输并填开行李票的行李。

（十二）"液态物品"，包括液体、凝胶、气溶胶等形态的液态物品。其包括但不限于水和其他饮料、汤品、糖浆、炖品、酱汁、酱膏；盖浇食品或汤类食品；油膏、乳液、化妆品和油类；香水；喷剂；发胶和沐浴胶等凝胶；剃须泡沫、其他泡沫和除臭剂等高压罐装物品（例如气溶胶）；牙膏等膏状物品；凝固体合剂；睫毛膏；唇彩或唇膏；或室温下稠度类似的任何其他物品。

（十三）"重大危险源"，是指具有严重破坏能力且必须立即采取防范措施的物质。

（十四）"航空器安保检查"，是指对旅客可能已经进入的航空器内部的检查和对货舱的检查，目的在于发现可疑物品、武器、爆炸物或其他装置、物品和物质。

（十五）"航空器安保搜查"，是指对航空器内部和外部进行彻底检查，目的在于发现可疑物品、武器、爆炸物或其他危险装置、物品和物质。

第八十九条　危险品航空运输按照民航局危险品航空运输有关规定执行。

第九十条　在民用运输机场运行的公务航空运输活动的安全检查，由民航局另行规定。

第九十一条　在民用运输机场控制区以外区域进行的安全检查活动，参照本规则有关规定执行。

第九十二条　本规则自 2017 年 1 月 1 日起施行。1999 年 6 月 1 日起施行的《中国民用航空安全检查规则》（民航总局令第 85 号）同时废止。

附录二 境外部分航空公司二字代码

航空公司中文名	航空公司英文名	二字代码
法国航空公司	Air France	AF
加拿大航空公司	Air Canada	AC
英国航空公司	British Airways	BA
达美航空公司	Delta Air Lines	DL
日本航空公司	Japan Airlines Corporation	JL
德国汉莎航空股份公司	Lufthansa	LH
新加坡航空公司	Singapore Airlines	SQ
阿联酋航空公司	Emirates	EK
韩国大韩航空公司	Korean Air	KE
瑞士国际航空公司	Swiss International Air Lines	LX
全日空航空公司	All Nippon Airways	NH
埃及航空公司	Egyptair	MS
韩亚航空公司	Asiana Airlines	OZ

附录三　国内部分航空公司二字代码及航徽

航空公司中文名	二字代码	航徽
中国国际航空股份有限公司	CA	
中国东方航空股份有限公司	MU	
中国南方航空股份有限公司	CZ	
四川航空股份有限公司	3U	

续表

航空公司中文名	二字代码	航徽
成都航空有限公司	EK	
海南航空股份有限公司	HU	
深圳航空有限责任公司	ZH	
厦门航空有限公司	MF	
上海航空股份有限公司	FM	

续表

航空公司中文名	二字代码	航徽
山东航空股份有限公司	SC	
上海吉祥航空有限公司	HO	
中国货运航空有限公司	CK	
春秋航空股份有限公司	9C	
奥凯航空有限公司	BK	

参考文献

1. 孙继湖. 航空运输概论. 北京：中国民航出版社，2011.
2. 王立军. 安全检查员. 民航局职业技能鉴定指导中心.
3. 刘得一. 民航概论. 修订版. 北京：中国民航出版社，2005.
4. 马联玳，刘功仕. 中国民航小百科. 北京：北京航空航天大学出版社，1992.
5. 史超礼. 航空概论. 北京：国防工业出版社，1978.
6. 张吉文. 安检常遇问题100例. 桂林两江国际机场安检站.
7. 《中华人民共和国民用航空安全保卫条例》.
8. 《中国民用航空安全检查规则》.
9. 《危险品规则》.
10. 《中华人民共和国民用航空法》.